図解&事例で学ぶ

PDCAの教科書

船井総合研究所・上席コンサルタント
川原慎也 著

マイナビ

はじめに

「ＰＤＣＡをうまく回すにはどうすればいいでしょうか？」

ＰＤＣＡについての書籍の執筆や講演、インタビューなどをきっかけにして、私や私の勤める船井総研に、こういったご相談をたくさんいただけるようになりました。

よく「クライアント先は大きな会社ばかりでしょう」などと言われますし、現に東証一部上場企業とのお付き合いもありますが、実際には各地域に根ざした中小企業と言われる規模のクライアント先も少なくありません。

また、特定の業界や業種に偏っているわけでもなく、さまざまな産業分野の企業からのご相談が舞い込んできており、おかげさまでコンサルタントとしての仕事の幅が大いに広がったような気がしています。

つまり、ＰＤＣＡという言葉が、それだけ一般化してきたということでしょう。

もちろん、ＰＤＣＡを私が生み出したわけではありませんし、そもそもずっと以前から存在する言葉だということは理解しています。

しかしながら、Ｐ「計画を作る」→Ｄ「実行する」→Ｃ「評価する」→Ａ「改善する」というシンプルなフレームであるがゆえに、「そんなことくらいできていて当たり前だ」といった理解をしている方もいますし、一方で「ＰＤＣＡをしっかり回そうという会社方針が出たものの、実際何をしていけば良いのかイメージできない」と悩んでいる方もいます。

面白いのは、当たり前だと捉えている方ほど、よくよく話を聞いてみると、とてもできているとは言いがたいような状況であることが多いということです。

また、何をしていけば良いのかイメージできないという方も、どちらかと言うとＣとＡに関する部分を問題視しているようで、「ＰＤに関しては特に悩んでいない」「これまでＰ→Ｄ→Ｐ→Ｄしかやってこなかった」といった声を数多く耳にしてきました。

今のところどのような解釈をしているのかはさておき、ＰＤＣＡという言葉が、マネジメントの考え方として普通に飛び交っている状況に関しては、もちろん大変良いことで、それが最初のステージだと考えても問題はないでしょう。

とはいえ、そろそろＰＤＣＡに対する認識の仕方を次のステージに導いていきたい、そんなことを思うようになりました。

次のステージとは、「ＰＤＣＡの肝となるのはＰ（計画）だから、やはりＰ（計画）が難しいということ」、あるいは「Ｄ（実行）でつまずいているケースが多いのだから、当然ポイントはＤ（実行）」といった認識を、より多くの人が持つようになるということです。

「ＰＤＣＡをうまく回すため」のスタートは、まさにそのＰ（計画）とＤ（実行）の難易度を正しく理解することに他なりません。

正しい理解こそが、正しい向き合い方につながり、品質の高いアウトプットを生み出す、という流れを作りたいのであって、間違った理解のままに、間違った向き合い方をしてしまえば、品質の低いアウトプットしか出てこないのです。

日本の総人口のトレンドが減少傾向に向いている今日、国内を主戦場として戦っている企業においては、「今までと同じやり方」＝「業績悪化」という図式が成立してしまうことを危惧している方が数多くいらっしゃるのではないでしょうか。

ＰＤＣＡマネジメントを活用する場面として、もっとも適しているのが「今までとは異なるやり方」への挑戦なのです。

ＰＤＣＡという、誤解を生みやすいシンプルな言葉に対して、より正しい理解のもと、実践に活かしてもらいたいという思いで本書に向き合ってきましたので、読者の皆さんの中には、少しハードルが高いと感じる方がいるかも知れません。

しかし、ハードルが高いのは「今までとは異なるやり方」への挑戦であり、ＰＤＣＡはあくまでもその挑戦を滞らせることなく推進するためのマネジメント手法です。

是非、多くの皆さんに習得してもらい、所属する組織の業績向上に活用してもらいたいと思っています。

目次

第3章 DO どうすれば「実行」できるのか……73

第5章 ACTION 「改善」が次のプランを生む……145

第1章

PDCAはビジネスの基本

1-01
ＰＤＣＡを理解しよう
具体的に何をしなければならないのか

▼ＰＤＣＡとは

Ｐ：計画を立てて、Ｄ：それを実行する、Ｃ：実行したことを振り返り、Ａ：うまくいっていなければ改善する

これがＰＤＣＡの流れになりますが、このように文章化したときに皆さんはＰＤＣＡに関してどんなイメージを抱くでしょうか。

恐らく、それほど難しいことではなく、どちらかというと普段から行っていることだと感じる方も多いのではないかと思います。

しかし、「ＰＤＣＡをしっかり回して成果を出そう」などと言われてしまうと、「そこまでうまく回せている自信はない」となってしまうようです。

さて、ＰＤＣＡマネジメントは、簡単なのでしょうか。それとも難しいのでしょうか。

何よりも大切なことは、まず**ＰＤＣＡマネジメントと言われたときに、具体的に何をしなければならないのかを、理解しておく**ことです。

PDCAの流れ

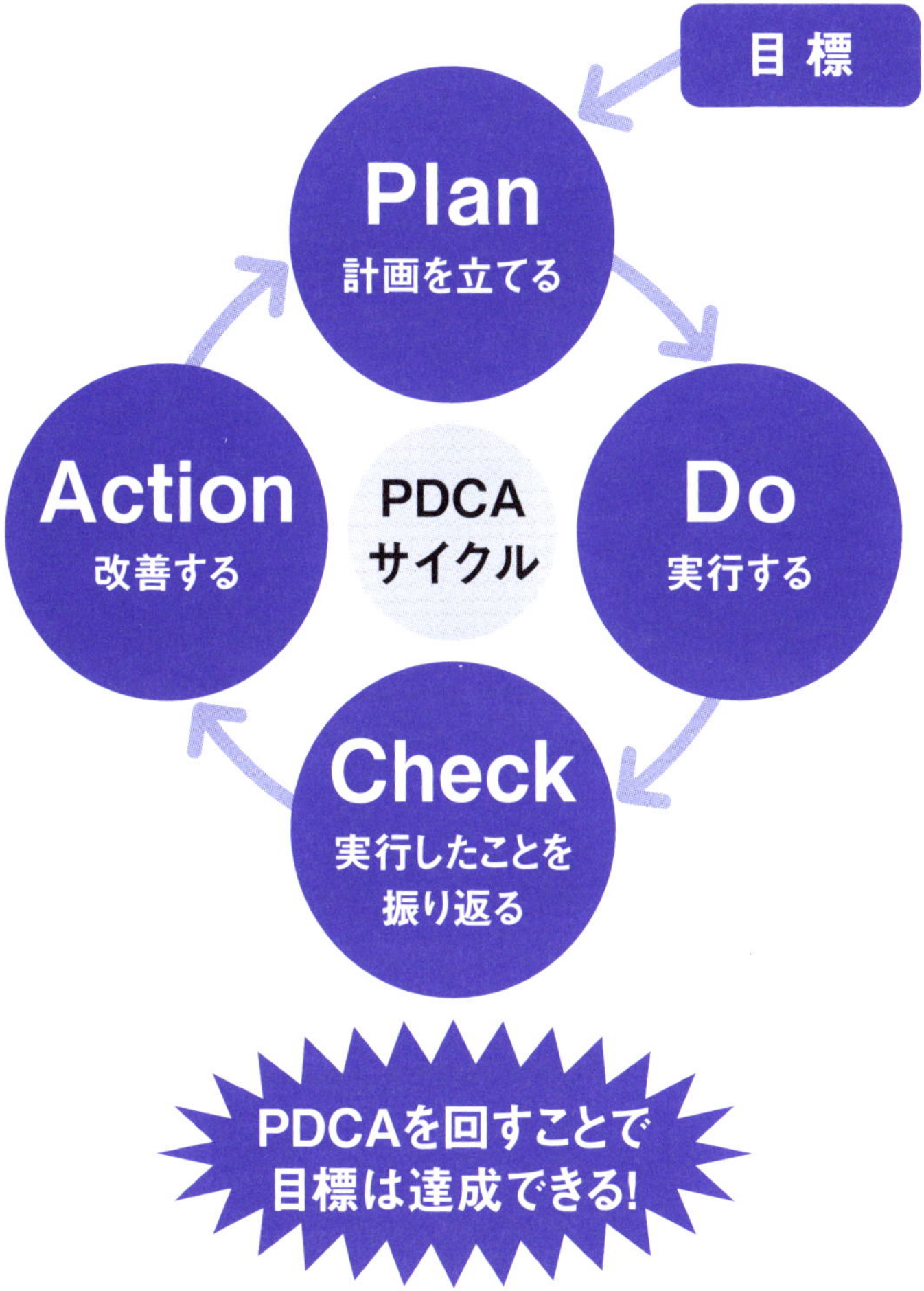
目 標
Plan
計画を立てる
Do
実行する
Check
実行したことを
振り返る
Action
改善する
PDCA
サイクル
PDCAを回すことで
目標は達成できる!

▼PDCAは変化が必要

「戦略を立案することと、立案した戦略を実行することを比較したときに、どちらの方が難しいと感じますか？」

このような質問を投げかけられたときに、皆さんどう答えられるでしょうか。

私の経験から言わせてもらうと、動いてもらわなければならないメンバーが多ければ多いほど、実行することの方が余程難しいと感じる傾向が強いようです。

なぜそのように感じてしまうのかというと、新たに立案した戦略を実行する際には、必ず（これまでの仕事のやり方とは異なる）変化が必要となるからです。

PDCAマネジメントは、まさにそういったタイミングで活用すべきマネジメント手法だという理解が必要です。

多くの方が、現在の（それなりに回っている）業務に対して、PDCAマネジメントを活用しようという捉え方をしているように感じますが、そうではありません。

戦略実行のために、より高い目標を達成するために、**つまり仕事のやり方に変化を求められるようなときにこそPDCAマネジメントを積極的に活用すべき**なのです。

そういった視点で考えたときに、P（計画）、D（実行）、C（評価）、A（改善）が「本当にできているのか」、つまり、決して誰もが簡単にできる取り組みではないという前提で臨んでもらいたいと思います。

PDCAは変化が必要

PDCAは何のために行う?

●新たな戦略の実行
●より高い目標の達成

つまり「変化」

PDCAは、

回っている仕事のさらなる改善 ×

仕事のやり方に変化を与える ○

変化が求められるときにこそ
PDCAマネジメントを活用すべき!

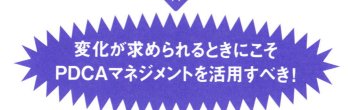

1-02

PDCAは「計画」が9割

思いを込めた計画を練り込む

▼計画はできている？

コンサルティングの仕事をしていて、「計画はいつも作っているので問題ないですよ」と言われる方々の計画を見せてもらったときに、必ずこう質問させてもらいます。

「これで目標を達成できるという確信がありますか？」

少し厳しい質問かも知れませんが、あえてこういった質問をするのは、計画という言葉の定義について改めて考えてもらいたいからです。

私は、**ＰＤＣＡマネジメントにおいてはＰ（計画）で9割がた勝敗（目標を達成できるかどうか）が決まる**、と考えていますので、それくらい考え抜いて、作り込まれた計画になっているかどうかがもっとも重要なのです。

なぜ「計画はできている」と思ってしまうのかと言うと、これまで取り組んできた仕事のやり方をこれからも同じようにやっていくという意識が前提になっているからです。

まず、この前提を崩すことこそがスタートなのです。

PDCAは「計画」が9割

実行、評価、改善がうまく回るかどうかは計画次第

PDCAはP（計画）で
勝敗が「9割」決まる

▼計画は確信が持てるまで練る

先ほどの「これで目標を達成できるという確信がありますか?」という質問は、コンサルティングを依頼された企業の次年度計画策定といったタイミングでも、幹部の皆さんに繰り返し問い掛ける質問です。

「いや、まだその確信には至っていません」という答えが返ってきたら、「ではもう少し計画を練り直してきて下さい」とやり直しをお願いするのです。

何度もやり直しするうちに、だんだん「目標を達成できる気がしてきました」といった声に変わり、ついには「この通りやり切れば絶対に目標を達成できます」というレベルまで到達します。

なかには、次年度がスタートしたタイミングを過ぎてもまだ完成しない幹部の方もいたりしますが、この**計画作りを最後までやり切る経験が必要**なのです。

ここまで作り込まれた計画があれば、その後のＤＣＡはあまり意識しなくても普通に回っていくものだといっても決して言い過ぎではありません。

なぜなら、計画を作った幹部の方々に、「こんなに苦労して作り上げた計画なのだから何とかこの通りやり切りたい」という強い思いがあるからです。

自らの思いを込めた計画を作り込むことこそが、幹部のもっとも重要な役割だということを再認識した上で、取り組んでもらいたいと思います。

計画は確信が持てるまで練り込む

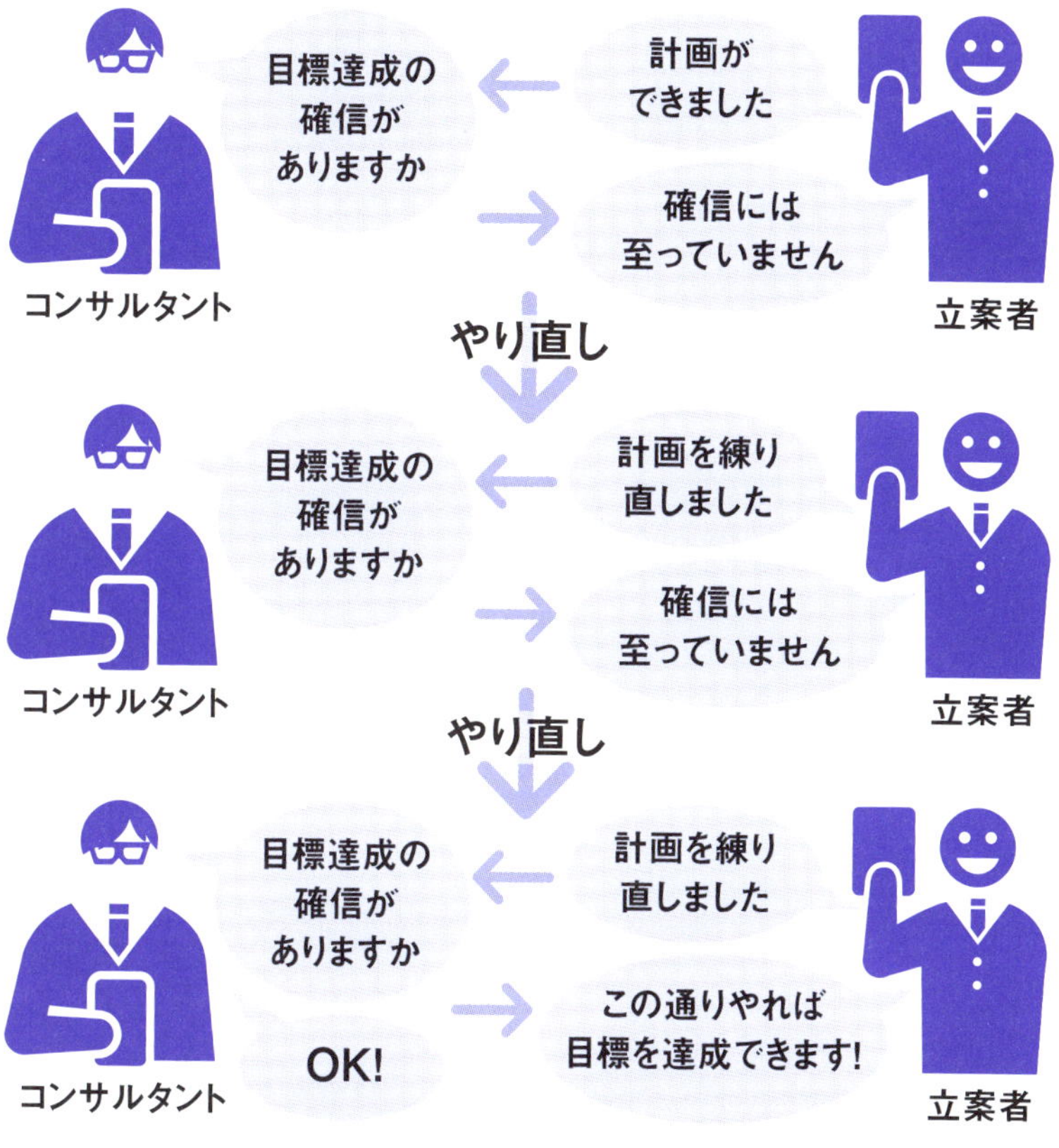
計画ができました
目標達成の確信がありますか
確信には至っていません
コンサルタント
立案者
やり直し
計画を練り直しました
目標達成の確信がありますか
確信には至っていません
コンサルタント
立案者
やり直し
計画を練り直しました
目標達成の確信がありますか
この通りやれば目標を達成できます!
OK!
コンサルタント
立案者

苦労して作り上げた計画だからこそ「やり切りたい」という強い思いが芽生える

1-03

「実行」の難しさを理解しよう

PDCAの成功は実行がカギ

▼Dはできているが CA は難しい？

計画と同じく「（実行は）それこそ日々やっていますから大丈夫」といった、実行の部分には大きな問題がないという認識の方々が多く、大きな違和感を持っていいます。

また、計画をしっかり完成させれば、後のDCAは普通に回るともいいましたが、あくまでも意味しているのは「マネジメントが回る」ということです。

何を言いたいのかというと、PDCAマネジメントにおいてもっとも難しいのは「実行」なのです。

なぜならば、PDCAにおけるD（実行フェーズ）において求められているのは、今までとは異なる仕事のやり方、つまり変化ですから、そもそも簡単にできるようなことではないということです。

「実行面における問題はない」と認識するには、すでに成果が出ているか、もしくは成果が出せるのを確信できる状態になっているはずなのです。

「実行」は簡単?

これまでと同じ
「作業」

これまでと同じ
「営業」

これまでと同じ
「接客」

**今まで通りの「実行」では
「変化」は起こらない**

▼実行を継続することは難易度が高い

ダイエットというテーマに関する本が、たくさん存在するのは皆さんもご存知の通りだと思います。運動に関するもの、食事に関するもの等々、挙げていくとキリがないくらいさまざまなものがありますね。

ダイエットしよう、あるいはしなければならない、と多くの方が思ってはいるものの、結局なかなか続けられないという状況があるからこそ、次から次に新たなテーマの本が出てくるわけですね。

このダイエットが続かないことは、ＰＤＣＡマネジメントにおける実行の難しさを物語っているように思うのです。

運動するにせよ、食事制限するにせよ、ダイエットのための取り組みは、今までの生活習慣になかったことを取り入れるという意味で、変化が求められます。

実行することそのものは、決して難易度が高いわけではないのですが、それを継続しようとすると、途端に難易度が上がるわけですね。日常の生活にはダイエット以外のこともたくさんあるからです。

仕事においても、変化させようと考える業務がある一方で、日々推進しなければならない日常業務もあるわけで、そこに難しさがあるのです。

このＤ（実行）をいかにして克服するのかは、ＰＤＣＡの大きなポイントになるでしょう。

PDCAの難しさはダイエットと同じ

目標　ダイエット

・◯日までに◯kgやせる
・毎週◯kgずつ減らす

↓

計画　運動×食事制限

・週一でジムに通い、最低1時間は運動する
・20時以降は食事もお酒も摂らない

↓

実行

最初はうまくいくが…

仕事上の飲み会で断れない!
忙しくてジムに通えない

実行自体の難易度が高いわけではないが、継続しようとすると途端に難易度が上がる

1-04

「評価」はコンセンサスが重要

評価がPDCAを止める要因になってはいけない

▼PDCAがストップする要因

　PDができている状態にあるのであれば、特段に意識せずともCAは回っていくものだと私は思っていますが、当然注意すべき点はあります。

もっとも起きてはならないパターンは、「実行してみたものの、うまくいかないからやめた方がいい」という意見によって、PDCAマネジメントそのものがストップしてしまうことです。

　今までよりも大きな成果を上げようと思っているのだから、仕事のやり方を変える必要があると、理屈の上では受け入れられても、**いざ実行の段階になると、さまざまなストレスがふりかかってきて、実行の継続を阻害する要因になります**。

　自分の身近で仕事をしているメンバーに対しては、日々のフォローアップでストレスに対処できますが、組織が大きくなればなるほどそれが困難になるということを、C（評価）の段階では考慮しなければなりません。

評価を阻害する要因

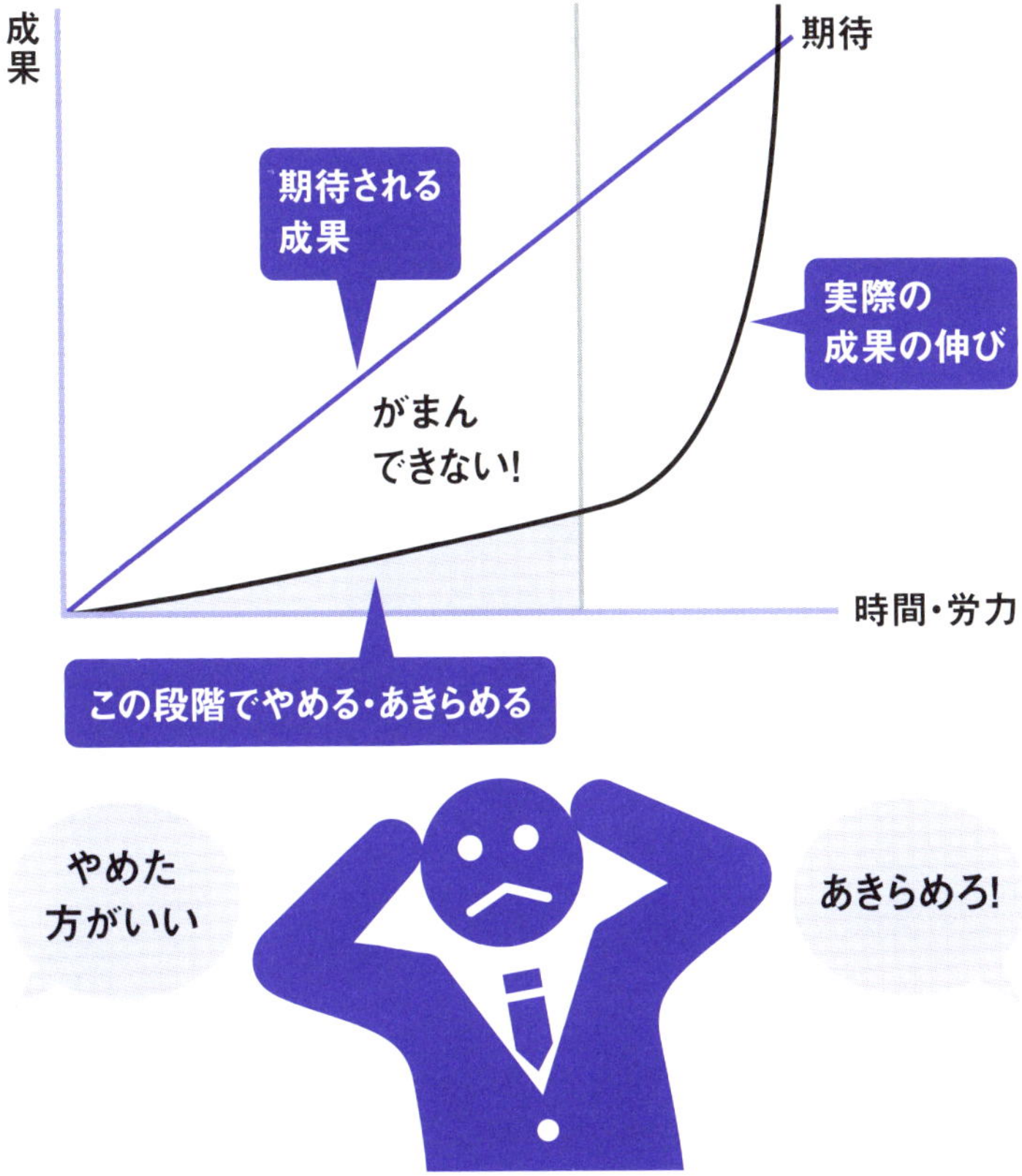

実行段階になると、さまざまなストレスがふりかかってきて継続を阻害する要因になる

▼変化を止めるリスクを回避しなければならない

変化によってより大きな成果を上げようとしているのだから、組織全体が目に見えるような結果を出すには当然相応の時間がかかります。

相応の時間といっても、大抵の場合2年3年かかるというものではなく、数カ月程度の期間を要するという程度のものなのですが、それをなかなか我慢し切れないのがビジネスにおける組織です。

このまま続けていくことで本当に成果を出せるのだろうか、という疑問が広がっていくことにより変化そのものをストップさせてしまうリスクを回避しなければなりません。

そのためには、売上・利益に代表されるような結果指標だけで判断するのではなく、**結果指標を動かす先行指標を見つけて判断することが必要不可欠**です。

先行指標は、自分たちの行動を指標化したものです。「うまくいかない」という状況になったとしても、「その行動ができない原因は何か」という問い掛けになるので、**結果指標よりも明らかに原因分析が容易になる**わけです。

これがC（評価）において実践すべきことに他なりません。

だからこそ、組織全体の意識を、結果指標ではなく先行指標に向かわせることが必要になります。「この行動を強化することで必ず成果を出せるはず」というコンセンサスをしっかりと形成することが大切なポイントになるでしょう。

「評価」には指標が必要

評価には時間がかかる

我慢にも限界が…

我慢には「指標」が必要

「評価」における2つの指標

結果指標

売上・利益に代表される実行の結果を指標化したもの

先行指標（行動指標）

結果を出すための行動を指標化したもの

組織全体の意識を「結果指標」ではなく「先行指標」に向かわせることが必要!

1-05

「改善」はコミュニケーションが必要

組織全体の改善へのベクトルを合わせる

▼PDCAはチャレンジ

ＰＤＣＡマネジメントにおけるＡ（改善）は、「うまく実行できていないことをいかにして実行するのか」というスタート地点になります。

ここで理解しておいてもらいたいのは、変化を伴う新たな取り組みなのだから、**うまく実行できないことは想定の範囲内でなければならない**ということです。

できないことに対して「どうしてできないんだ」と目くじらを立てるのではなく、「まあ最初からできれば誰も苦労しないよね」というスタンスです。

そもそもＰ（計画）の段階で、徹底的に考え抜いた上で作り込んだ計画だという前提ですから、うまく進んで欲しいという思い入れは大変強いものだと思います。

しかしながら、その計画はあくまでも「どう変化を起こしていくのか」というチャレンジ的要素の強いものなので、「うまく進んでいけばもうけもの」くらいに考えて、出てきた課題に対処していくことが必要なのです。

「改善」はチャレンジのサポート

**PDCAは
「実行できていないことを実行すること」**

↑

チャレンジ!

だから…

ではなく…

**ではどうすればいい?
それを実行するのが「改善」**

▼部門内・部門間のコミュニケーション

「うまく実行できない原因は何なのか」「どうすればうまく実行できるようになるのか」という問い掛けに対して、組織全体の改善のベクトルを合わせることに合意すれば、問題はスピーディーに解決に向かうことでしょう。

ところが、事はそう簡単には運びません。

部門が違えば問題に対する認識は当然異なりますし、役職が違えば問題の捉え方も異なります。この状態のままでは問題が解決することは難しいのです。

よって、**A（改善）においてもっとも重要視しなければならないのは、コミュニケーション**になります。

自分の考えだけに凝り固まるのではなく、他人の考えも取り入れなければなりません。

自部門の利益だけに固執するのではなく、他部門の利益、最終的には会社全体に利益をもたらすためにはという視点を持たなければなりません。

同じ会社とはいえ、全ての部門の業務を経験し熟知している人などほぼいないというのが現実だと思います。

だとすると、それはコミュニケーションによって補完する以外に手はありません。

部門内の縦のコミュニケーション、部門間の横のコミュニケーションの時間をしっかり確保して、忌憚のない議論をできる場を意図的に作るよう心がけましょう。

改善に必要なものはコミュニケーション

部門内の縦のコミュニケーション、部門間の横のコミュニケーションを確保して、忌憚のない議論ができる場を作る

コラム

考えるよりも まず行動することが大切?

「PDCA をうまく回すためには、まず計画を考え抜き、作り込みましょう」

このようなお話をすると、「考えることに時間を使うよりも、どんどん行動してみる方が余程手っ取り早いと思うのですが」といった声が出てきます。

皆さんはどう思われますか？

確かにそれも一理あると思います。しかし、それはあくまでもその人が単独で仕事を進める場合に限った話です。

自分だけの話であれば、全てが自分の頭の中で完結していれば十分ですから、わざわざアウトプットする必要はありませんね。時間をかけるのがもったいないという理由も理解できます。

ところが、多くのメンバーを巻き込んで動かしていかなければならないときに、果たして同じようなやり方でうまく進められるでしょうか。

人は、「なるほど」という理解と、「やればできそうだ」という納得によって動き始めます。

ビジネスにおいて重要なのは、自分以外の他人も動いてもらうことで成果を最大化することだということを忘れないようにしましょう。

第2章

PLAN

最適な「計画」の立て方を理解する

2-01

「計画」の意味を理解しよう

「目標」と「計画」を混同しがち

▼「計画」って何のために立てる？

ＰＤＣＡは、「計画を立てて、実行する、その結果を振り返り、改善すべき点があれば改善する」という極めて当たり前の考え方です。とは言いながらも、多くの方がなかなかうまくいかないと思っていることも事実なので、「当たり前のことなのだから簡単にできるはず」といった安易な気持ちで取り組んでしまうと、「意外に難しくて大変だ」という状況に陥ることになるでしょう。

そうならないために気をつけるべきポイントは、何事もスタートが肝心だということで、やはり、**Ｐｌａｎ（計画を立てる）をしっかり作り込むという認識を持つ**ことです。

そもそも、**「何のために計画を立てるのか」について、じっくり考えたことがあるという方が意外にも少ない**というのが実態ではないでしょうか。

「何のために」を明確にすることで、「計画の作り込み」に取り組む際に何をアウトプットすべきなのかが自ずと明確になるはずです。

何のために計画を立てるのか?

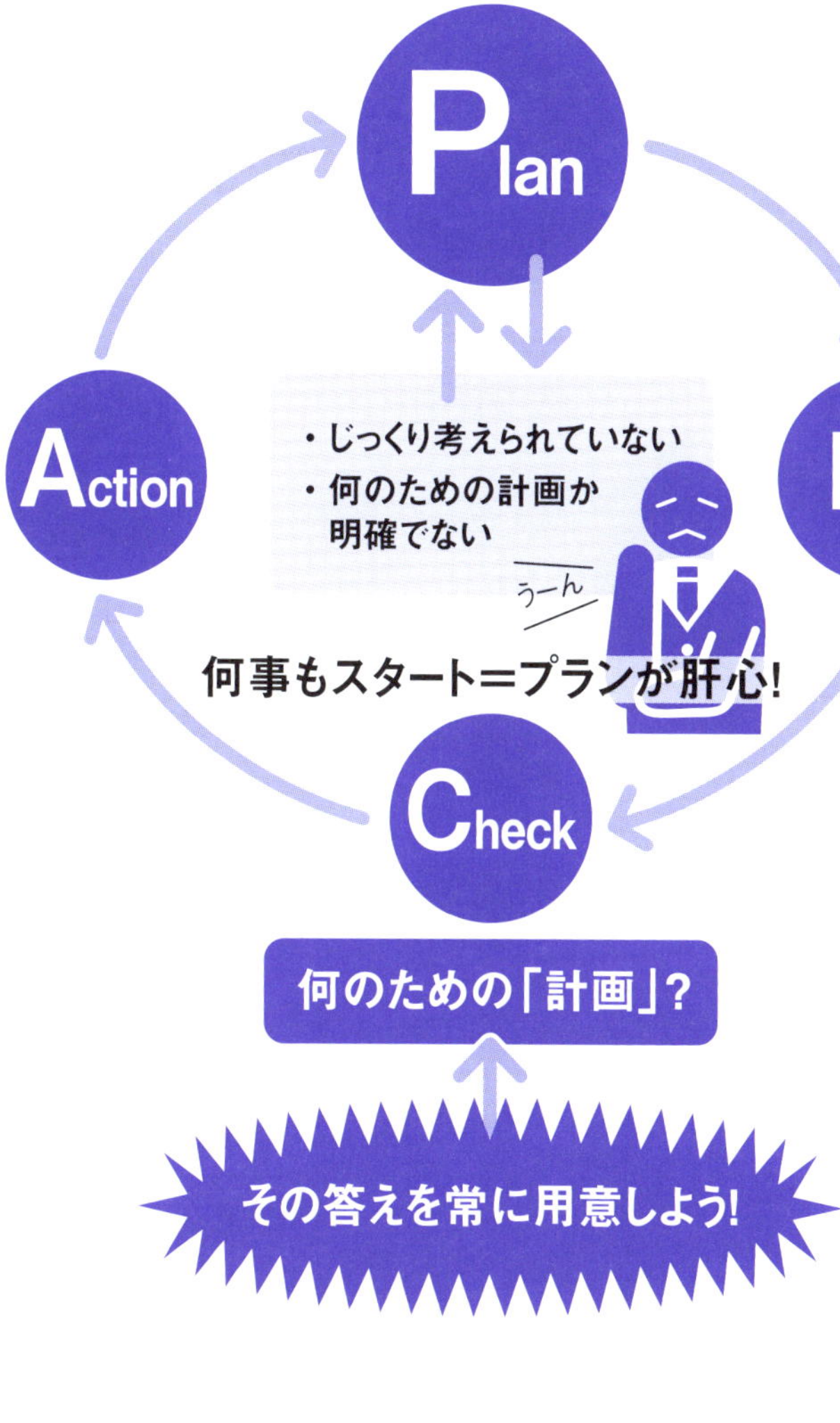
Plan
Do
Check
Action
・じっくり考えられていない
・何のための計画か
明確でない
うーん
何事もスタート＝プランが肝心!
何のための「計画」?
その答えを常に用意しよう!

▼「目標」と「計画」は違う！

「目標」と「計画」は違います、などと言うと、「そんなことわかってるよ」という声が聞こえてきそうですが、ビジネスの現場では、これらを混同して使っているケースが散見されます。

中には、「これが計画書です」と見せてもらうものに、年間の売上目標、それを月別に分解した売上目標、商品別に分解した売上目標、顧客別に分解した売上目標……と、売上目標をさまざまなテーマで分解した数値が並んでいるに過ぎない、といったケースも決して少なくはありません。

言葉の違いは理解していても、実際の運用段階では混同してしまうわけですね。だからこそ、「何のために計画を立てるのか」を明らかにすることが大切になります。

さて、この「目標」と「計画」の違いについての理解を深めるには、登山に例えて考えてみるのがよいでしょう。

登山において、**「目標」は山頂に到達することであり、「計画」はその山頂に到達するための登山計画**ということになりますね。このように考えてみると、全く異なる定義であることが再認識できるのではないかと思います。

つまり、「計画」のもっとも重要な目的として「目標」達成があるということを、まず理解した上で、「計画」の作り込みに取り組むことが重要なのです。

「目標」と「計画」は違う

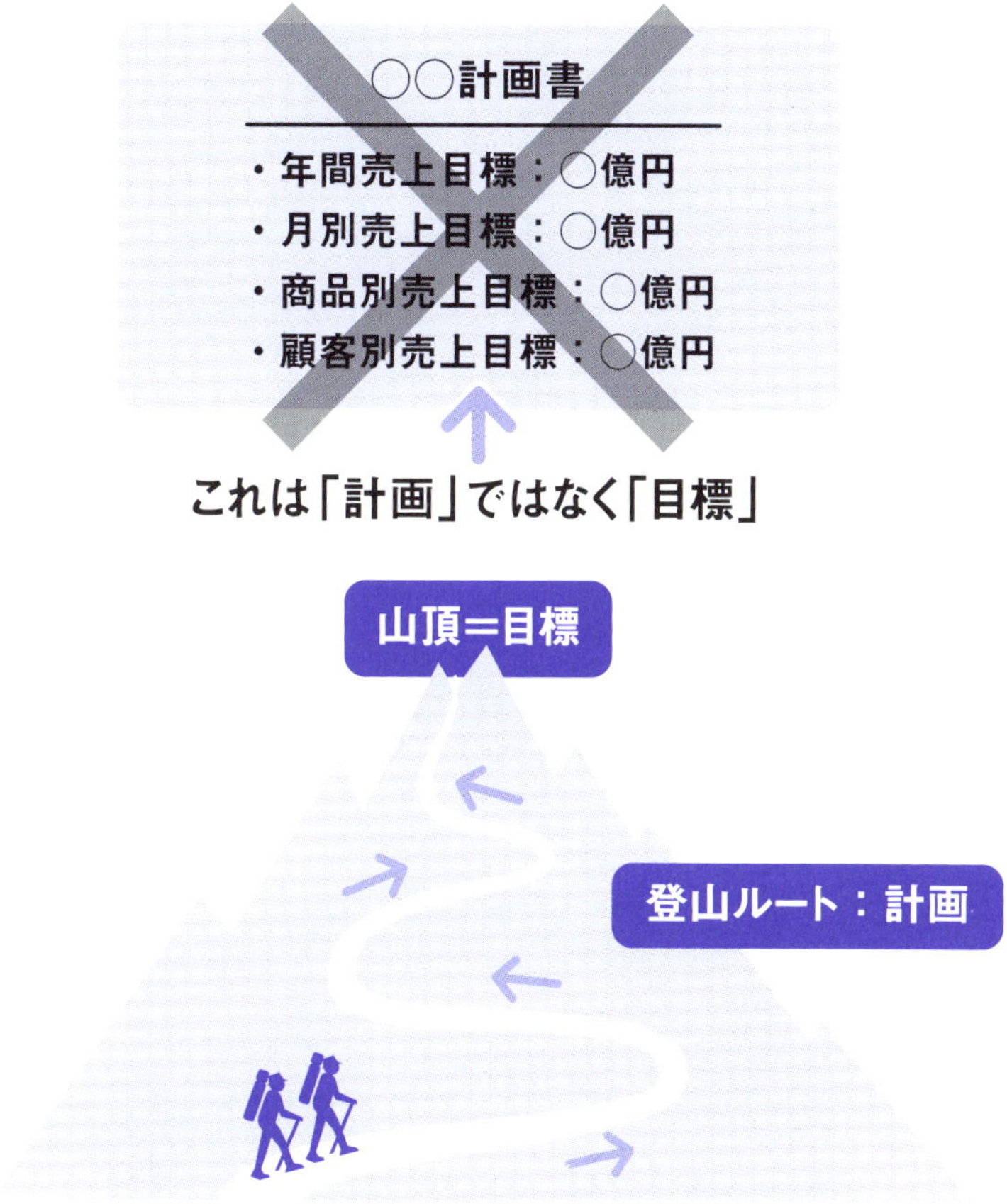

○○計画書
・年間売上目標：○億円
・月別売上目標：○億円
・商品別売上目標：○億円
・顧客別売上目標：○億円
これは「計画」ではなく「目標」
山頂＝目標
登山ルート：計画

「目標」と「計画」を混同しない！

2-02

「目標」（ゴール）を鮮明に描こう

あいまいな目標設定に逃げない

▼あいまいな「目標」がダメな理由

「目標」が達成されたときの状態、つまりゴールのイメージを鮮明に描く必要があります。なぜならば、**ゴールをイメージできていない人に「計画」を作ることなど本来はできない**からです。

例えば、「今期は新規開拓を徹底強化する」、これが営業部の目標だと示されたら、あるいは「今期はより優秀な人材を採用する」、これが人事部の目標だと示されたら、どんな計画を作るべきか恐らく迷うことになりますね。いずれの例にしても、当然、定量的という観点で明確な数値を示す必要がありますし、定性的という観点で明確なターゲットを示す必要があります。

鮮明であればあるほど、達成できないときの事実も明確になってしまうので、ややもすると〝あいまい〟に逃げたくなる心理が顔を出すケースも少なくないですが、**本気で「目標」を達成したいと思うなら、鮮明な「目標」（ゴール）設定は不可欠**な要件になります。

「目標」のイメージは明確に

より優秀な人材を採用!

あいまいな「目標」

- どういう人材?
- どういう経験?
- どういう能力?

↓

- メンタルが強い
- 大人数の組織でもまれた経験がある
- ○○の資格、○○ぐらいの語学力がある

新規開拓を徹底強化!

- どんなターゲット?
- どんな規模?
- どんなエリア?

↓

- 既存ターゲットを分析し、開拓できていないところ
- 従来より小規模でも伸びそうなところ
- 開拓済みエリアからさらにひとまわり先

明確な「目標」

▼おいしいビールの注ぎ方

皆さんの目の前に、瓶ビール、グラス、栓抜きが用意されていると想像して下さい。そこから、「せっかくビールを飲むのだから、是非おいしいビールを注いで飲みたいですよね。（ビールを注ぐまでの）作業工程を考えて下さい」という投げ掛けがあったら、どんな作業工程を考えるでしょうか。

このとき、もっとも重要なことが、まず「おいしいビール」の定義（つまりゴールイメージ）を明確にすることなのです。

グラスに注がれた際、ビールの泡の部分と液体の部分の比率を3対7にするのがベストで、なおかつビールの泡は極力きめ細かい状態でなければならない。

例えば、このような**ゴールイメージを持つと、そのゴールに向かう作業工程は、何らかの工夫をしなければならないことに気づく**はずです。

このケースでは、「目標」（ゴール）が「おいしいビール」であり、「計画」がそこに至るまでの作業工程にあたるという理解はできますね。

「目標」（ゴールイメージ）を鮮明に描くことが「計画」を作り込むスタート地点に立つことにつながります。それは年間の「目標」はもちろん、日々の業務における「目標」にも同じように当てはまることを、常に意識するようにして下さい。

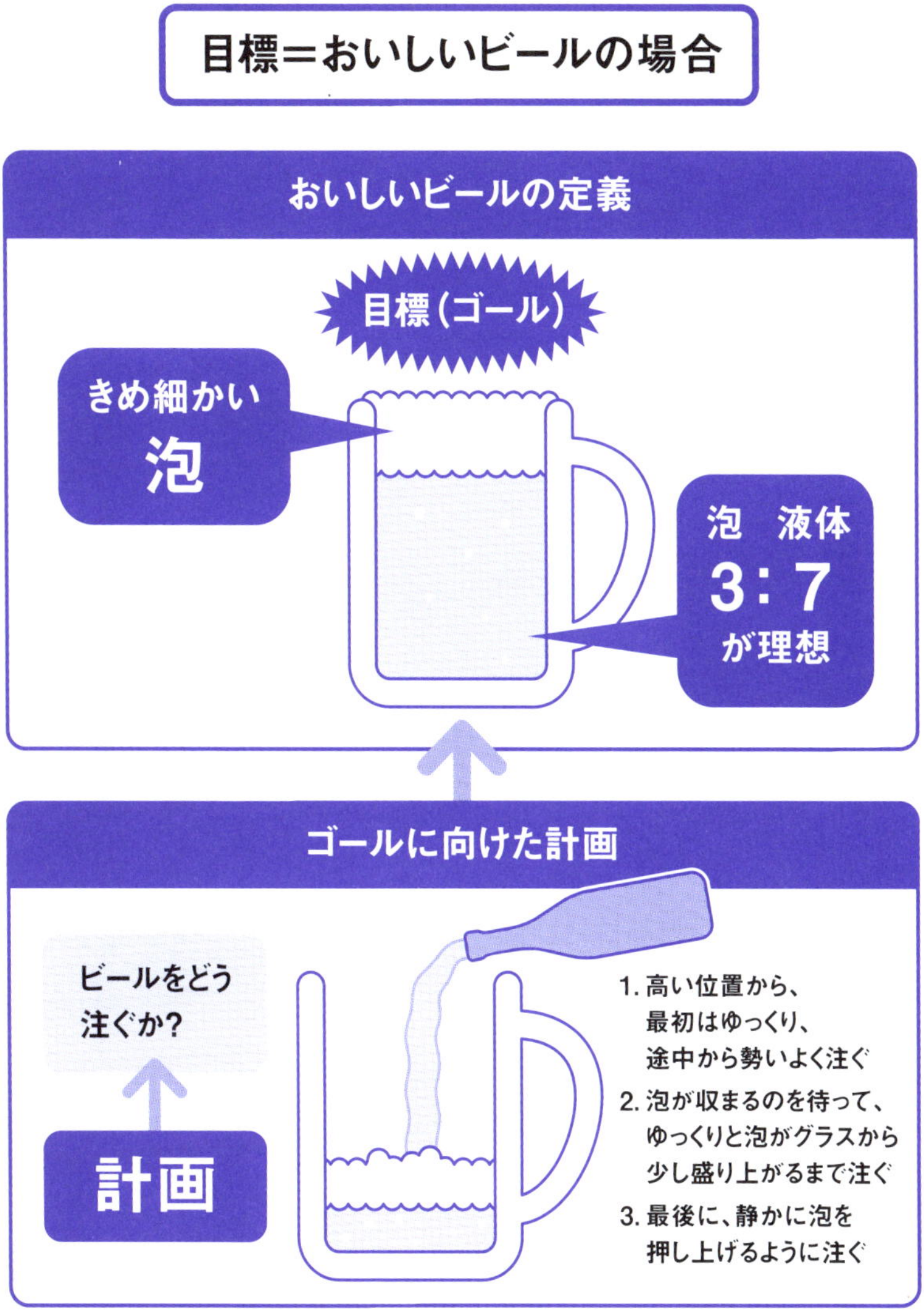
目標＝おいしいビールの場合
おいしいビールの定義
目標(ゴール)
きめ細かい
泡
泡　液体
3：7
が理想
ゴールに向けた計画
ビールをどう
注ぐか？
計画
1. 高い位置から、
最初はゆっくり、
途中から勢いよく注ぐ
2. 泡が収まるのを待って、
ゆっくりと泡がグラスから
少し盛り上がるまで注ぐ
3. 最後に、静かに泡を
押し上げるように注ぐ

2-03

背伸びした「目標」を設定しよう

達成できる目標に計画は不要

▼甘い「目標」がダメな理由

甘い「目標」など立てていない！　そのように思われる方もいるかも知れませんが、ここで意味している**甘い「目標」とは、達成できそうな数値目標のこと**を指しています。

ビジネスにおいて目標達成が重要なのはわかります。しかし、それを重要視するがあまり、例えば来期の売上目標を立てる際に、今期の着地と大して変わらない（それぐらいならできそうだと感じる）レベルの売上目標を掲げるというのはいかがなものでしょう。

「会社（あるいは部門やチーム）の実力はそのくらいが妥当だ」、あるいは「市場が伸びていないからウチも厳しい」といった認識で、甘い「目標」が正当化される場面が多々見られます。これは即ち、これまでの仕事のやり方をこれからも続けていく（大きな変化は要求しない）という前提に立ってしまっていることになります。つまり、**目標達成するために「計画」を作り込む必要性がそもそもなくなってしまう**というわけです。

よって、**背伸びした「目標」はＰＤＣＡにおける重要なスタート**と位置づけられます。

甘い「目標」がダメな理由

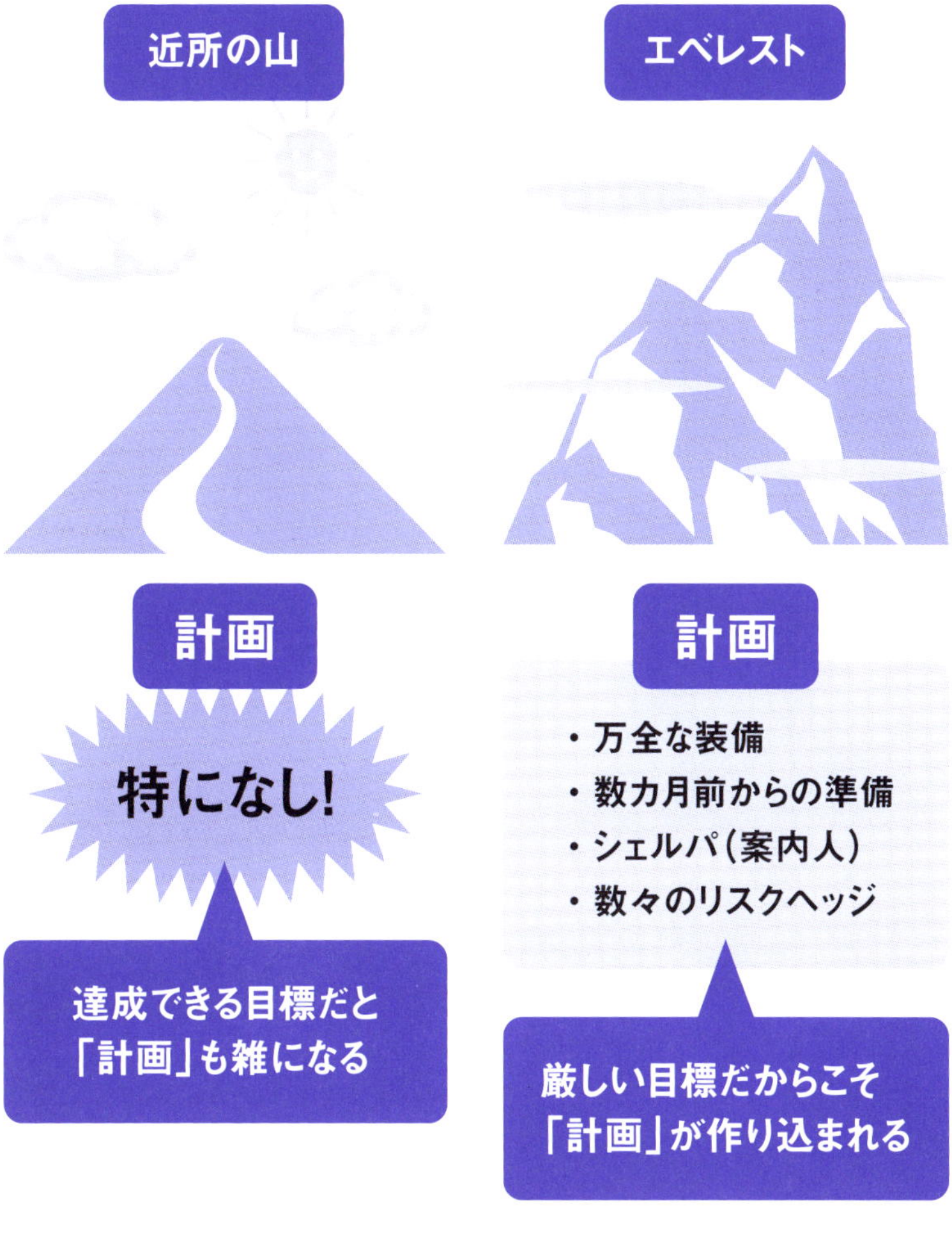
近所の山
エベレスト
計画
特になし!
達成できる目標だと
「計画」も雑になる
計画
・万全な装備
・数カ月前からの準備
・シェルパ(案内人)
・数々のリスクヘッジ
厳しい目標だからこそ
「計画」が作り込まれる

▼ビジョンをベースに考える

背伸びした「目標」といっても、一体どのくらいの「目標」が妥当なのかを悩まれる方も少なくありません。あまり高すぎる目標を設定したとしても、結局達成できなければ何の意味もないと考えるのも当然だと思います。

「目標」を設定する際のスタートは、是非このように考えてみて下さい。

「5年後、どんな会社（部門、チーム）にしたいのか」

例えば、現在（2016年）のタイミングであれば、日本で東京オリンピックが開催される2020年にはどうなっていたいのか、それを明確にしようということです。

このように未来志向で考えると、「5年後も今と変わらない状態で構わない」といった「目標」ではなく、もっと夢や希望を持てるような「目標」をイメージできるようになります。世の中、5年で業績を2倍、3倍にするような組織など特に珍しいわけでもないので、是非ともチャレンジングなビジョンを掲げてもらいたいと思います。

そのビジョンから逆算すれば、来期に設定すべき「目標」は自ずと背伸びした「目標」にせざるを得ないのではないでしょうか。

誤解を恐れずに言うと、**背伸びした「目標」に向かって仕事のやり方に何らかの変化を起こしたのであれば、「目標」達成できなかったとしても大きな問題はありません。**

その変化こそが、ビジョン実現に必要不可欠なものなのです。

「目標」は高く設定する

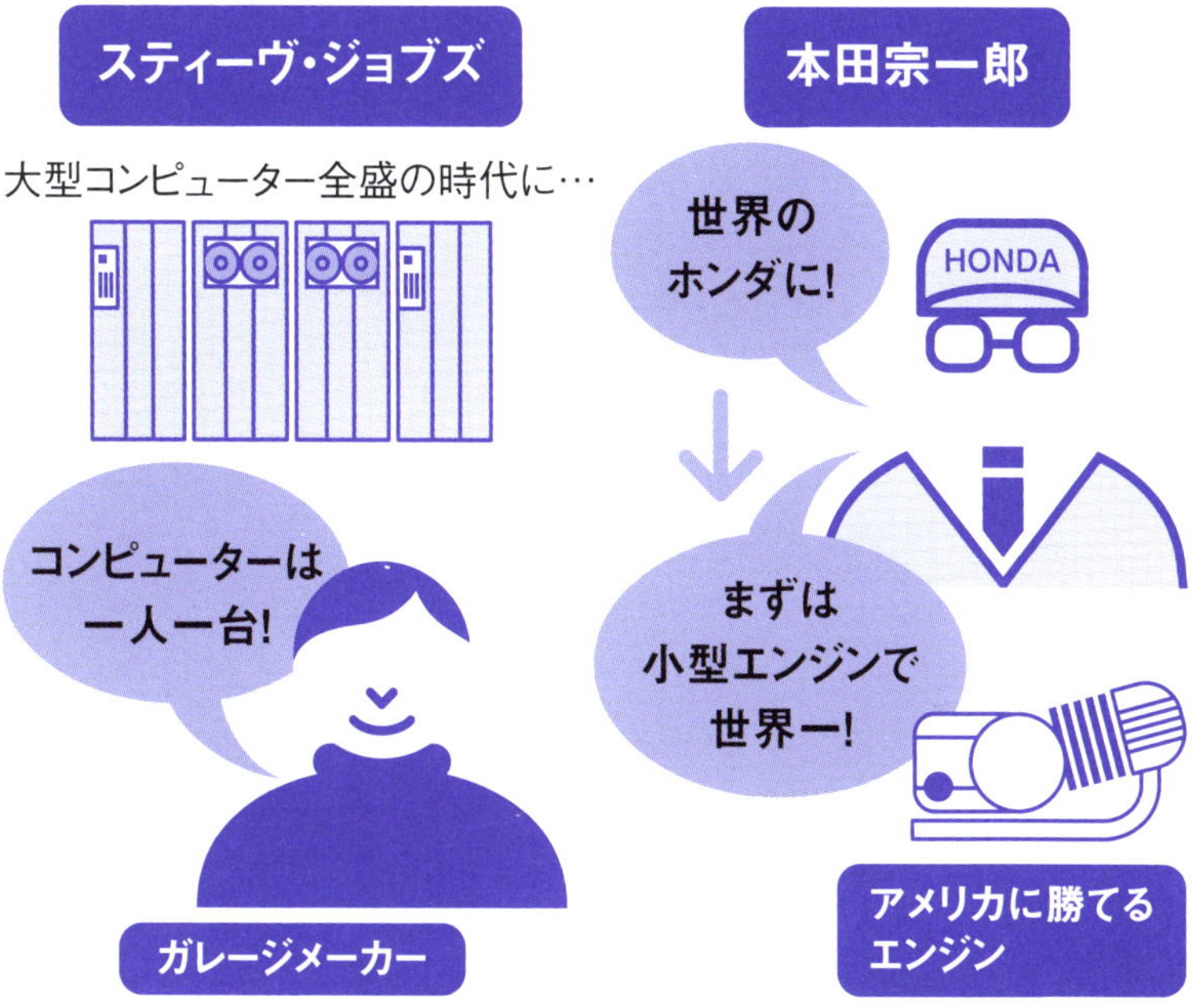

スティーヴ・ジョブズ
大型コンピューター全盛の時代に…
コンピューターは一人一台!
ガレージメーカー
本田宗一郎
世界のホンダに!
HONDA
まずは小型エンジンで世界一!
アメリカに勝てるエンジン

大事なのは「目標」を…

- 具体的にイメージできるか
- 実現する道筋を考え抜けるか

チャレンジングなビジョンを掲げる!

2-04

変えるべき行動を抽出しよう

因果関係を明確にする

▼現在の問題を洗い出す

「変わらなければならない」と理屈ではわかっていても、「なかなか変われない」のが会社や組織です。その変われない要因の筆頭に挙げられるのが、取り組む問題に対する（確かにそれが一番の問題だという）合意を形成できないことです。

よって、最初の段階で着手すべきことは、「このまま続けていては問題だ」と多くの人が認識しているような問題を、全社的な視点で洗い出すことです。

ひと通り洗い出しができたら、それらの問題を因果関係で整理しましょう。

問題といっても、ひとつひとつは事象だと考えると、それらの事象は単独で発生しているのではなく、必ず因果関係の中で発生していることがわかります。

「この問題（事象）は、なぜ発生しているのか」

「この問題（事象）を放置した結果、どんな問題（事象）が発生しているのか」

因果関係を明確にすることで、もっとも困難な合意形成を解決に導きます。

因果関係を明確にする

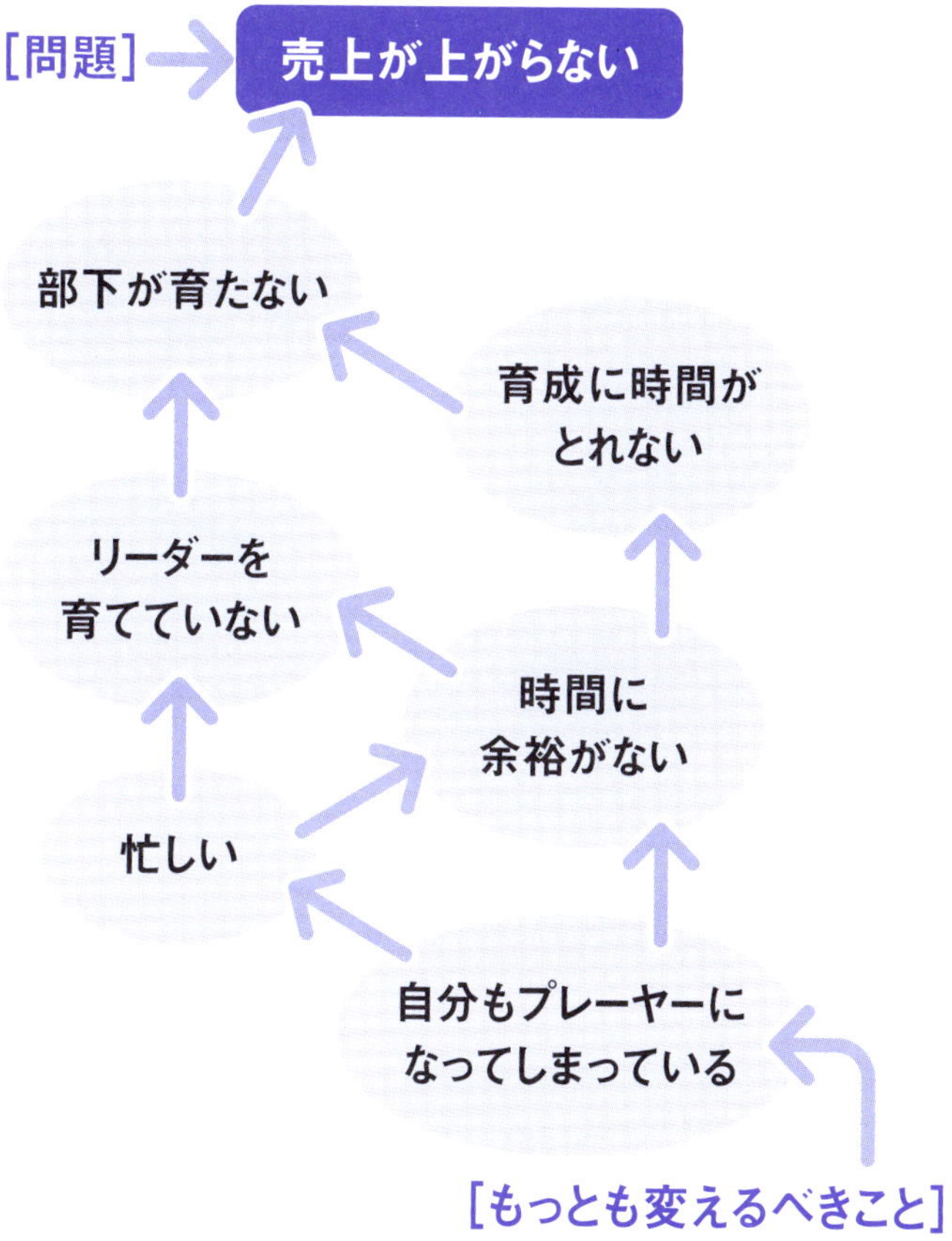
[問題]
売上が上がらない
部下が育たない
育成に時間が
とれない
リーダーを
育てていない
時間に
余裕がない
忙しい
自分もプレーヤーに
なってしまっている
[もっとも変えるべきこと]

現在の問題を洗い出す

▼「本当はこうすれば」を共有する

「問題は多々あるけど、本当はこうすれば、そもそもそれらの問題に悩まされることは無くなるかも知れない」といったアイディアは、組織の中に埋もれてしまいがちです。

「現在の仕事のやり方を否定してしまうことにつながるから言えない」

「経営陣や幹部を批判しているように取られる可能性があるから言えない」

「自分(自部門)の立場で言うべきことではないから言わない」

「発言によって、自分にお鉢が回ってくるのがイヤだから言わない」

このような意見を聞くと、良いアイディアを実際に顕在化させるには、とてつもなく大きなハードルを越える必要があることに気づかされます。

ここで工夫すべきことは、ミーティングの進め方です。

特定の個人が発言したアイディアという認識を避けるために、「現在の仕事のやり方」と「本当はこうすれば良いと考える仕事のやり方」を対立させたディベート方式で議論を活性化させるのがよいでしょう。

ルールとしては、**同時に2つのことはできないという前提で、どちらかを採るしかない状況下において何がベストかを選択**します。

あいまいなまま放置せずに、徹底的に議論するというプロセスを通じて、意思決定をするという習慣こそが、変化に強い組織作りにつながるのです。

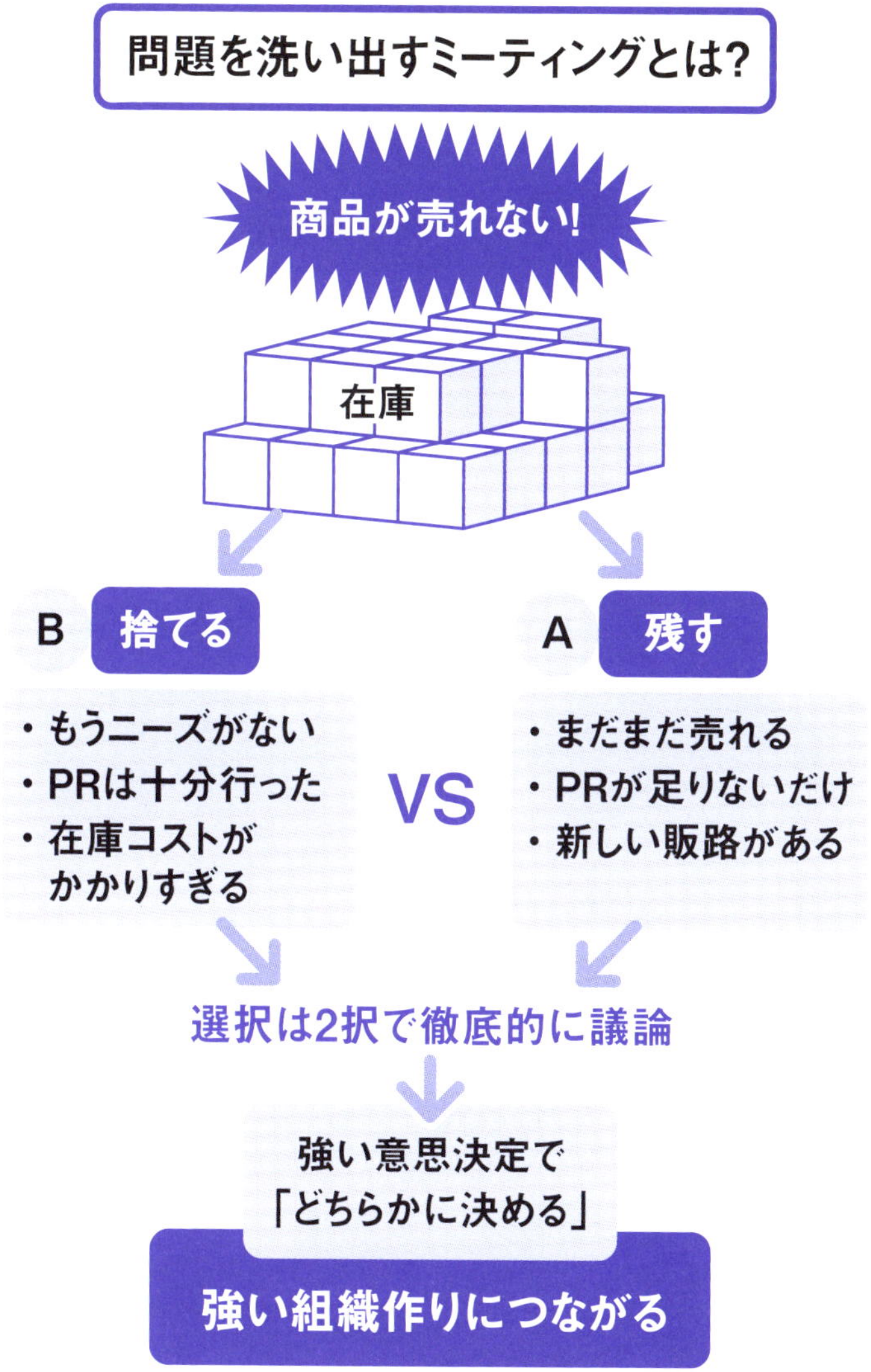
問題を洗い出すミーティングとは?
商品が売れない!
在庫
B 捨てる
・もうニーズがない
・PRは十分行った
・在庫コストがかかりすぎる
VS
A 残す
・まだまだ売れる
・PRが足りないだけ
・新しい販路がある
選択は2択で徹底的に議論
強い意思決定で「どちらかに決める」
強い組織作りにつながる

2-05

PDCAを回すテーマを絞り込もう

もっとも重要なテーマをひとつだけ始める

▼もっとも重要なテーマを見極める

さて、ここで、多くのリーダーが「PDCAがうまく回っていない」と感じている理由について説明しておきましょう。間違ってしまいがちなのは、**自分自身が携わっている全ての業務をPDCAの対象にしようとしてしまう**ことにあります。

もちろん、全ての業務がPDCAマネジメントの中で回っていることが理想ではありますが、いきなりそのような高いレベルを求めてしまうことには所詮無理があります。

最初にお伝えしたように、そもそもPDCAという概念が、本来当たり前にできていなければならないものだと捉えてしまいがちなので、高いレベルでやらなければ意味がないと思ってしまうのかも知れません。しかし、PDCA初心者の無謀な挑戦が、うまく回らない企業を増加させているのも現実です。

まずは、うまく回す習慣をつけるためにも、**業務の中でもっとも重要なテーマを見極めて、それをPDCAマネジメントの対象にすることから始めましょう。**

全ての業務をPDCAに?

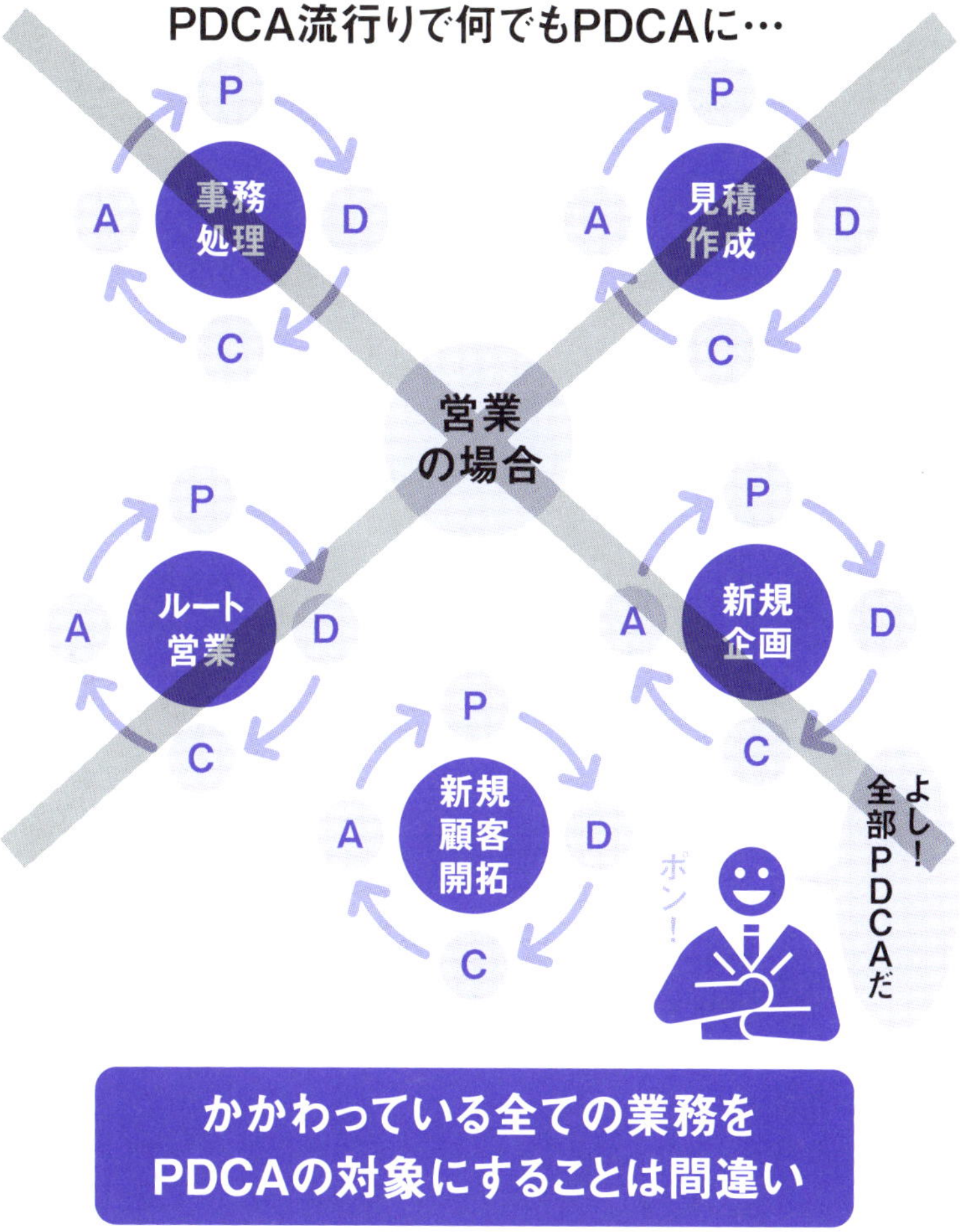

かかわっている全ての業務をPDCAの対象にすることは間違い

▼テーマを絞り込む理由

テーマを絞り込む理由は、初心者で慣れていないからというだけではありません。

実は、PDCAマネジメントを駆使している上級者であっても、複数のテーマを対象にしているようには見えているけれども、その当事者である**本人が意識しているのは原則としてひとつ（多くてもふたつまで）のテーマだということが、これまでの成功事例の分析からわかっている**ことだからです。

組織で仕事をしている方であれば体験的に理解していると思われることですが、いざ重要な新しい取り組みを始めようとしても、日常的にこなさなければならない業務にさらされて、なかなか前に進んでいかないことが多々あるのではないでしょうか。

年数をかけて成長してきた企業であればあるほど、売上を上げて利益を出すビジネスモデルを確立させているわけですから、日常的業務も重要な業務であることに疑いの余地はありません。

だからこそ、当然の状況として想定できるのは、**日常的業務をしっかりと回しながらも、新たな取り組みによって組織に良い変化をもたらしていこうというのがPDCAマネジメントの位置づけ**だということです。

そういう視点を持って改めて考えてみると、PDCAマネジメントの対象にするテーマを絞り込むことは必然だということに関して、納得いただけると思います。

PDCAマネジメントは1つに絞る

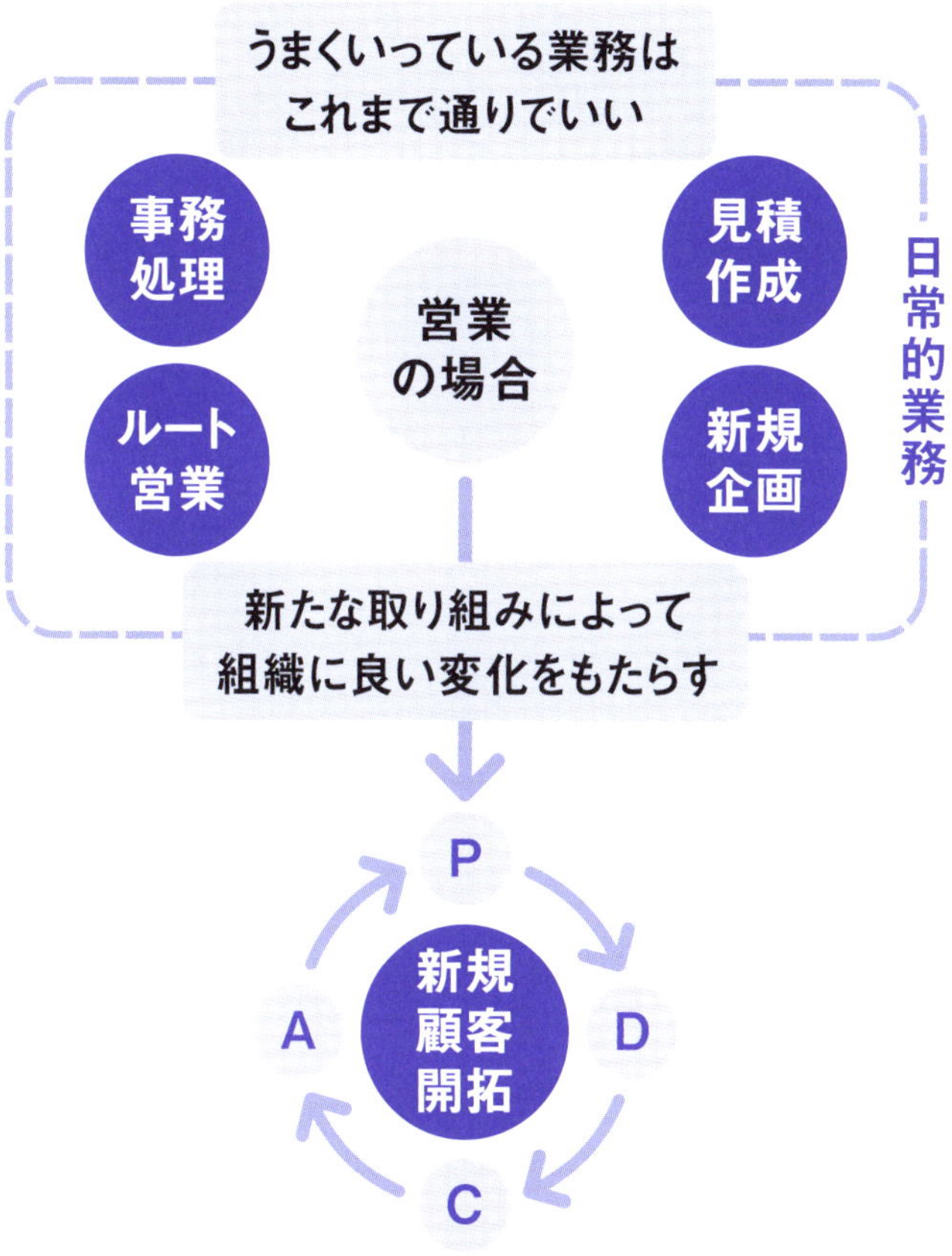

PDCAマネジメントはテーマの絞り込みがポイント

2-06

数値化しよう

数値と目標の相関関係を確認する

▼数値化できないものは追えない

ＰＤＣＡマネジメントにおいては、追いかけるテーマを数値化することが必要不可欠であり、数値化できないまま取り組もうとしても、かなり高い確率で頓挫してしまうことになるでしょう。なぜならば、**数値化こそが進捗状況を判断する唯一の軸であり、進捗状況が見えないものに対して、人はたちまち興味関心を失ってしまう**からです。

これに関しては、スポーツを例にするとわかりやすいと思います。

あらゆるスポーツには、必ずスコアボードがありますね。球技であればその時点の勝ち負けが一目瞭然でわかるようになっているからこそ、真剣勝負が最後まで続きますが、これが得点を数えずに遊びでやっているストリートバスケだったりすると、その真剣度合いは当然極端に下がることになるわけです。

よって、どんなに重要なテーマであっても、数値化できないような類のものであれば、追いかけ続けることなどできないと考えた方がよいでしょう。

数値化こそが状況判断の軸

▼数値化のコツ

数値化する際に考えるべきことは、そのテーマにおいて**カギとなる指標をいかにして数えるのか**ということです。数えるわけですから、量を積算（除算）する指標、速度を上げる指標、率を上げる（下げる）指標、などになるでしょう。

ここで大切なことは、その数を**良い数値に上げることによって最終的な目標にインパクトを与えることができるかどうか**ということです。

例えば、営業という仕事においては、「どれだけ靴底をすり減らして行動したのかが売上に直結する」といった風潮から、訪問件数を上げることが指標として採用されることが少なくありません。

実際に、訪問件数を上げることが本当に売上増加につながっていれば、指標として何の問題もありませんが、仮にそこに相関を見出せないような状況が続くようであれば、以前は通用していたルールも現在は通用しなくなっていると考えなければなりません。

市場環境、自社のポジショニングなどによって、ルールは変わるものなのです。

開業当初は、お客さまとの会話を大切に、おもてなしに徹していた飲食店が、繁盛するにつれて、数をさばく店に変えるのか、おもてなしに徹するのかも考えどころです。

売上や利益を上げることを念頭に置き、その市場で勝ち残るためのシナリオを考え抜いた上で、数値化すべき指標を見出しましょう。

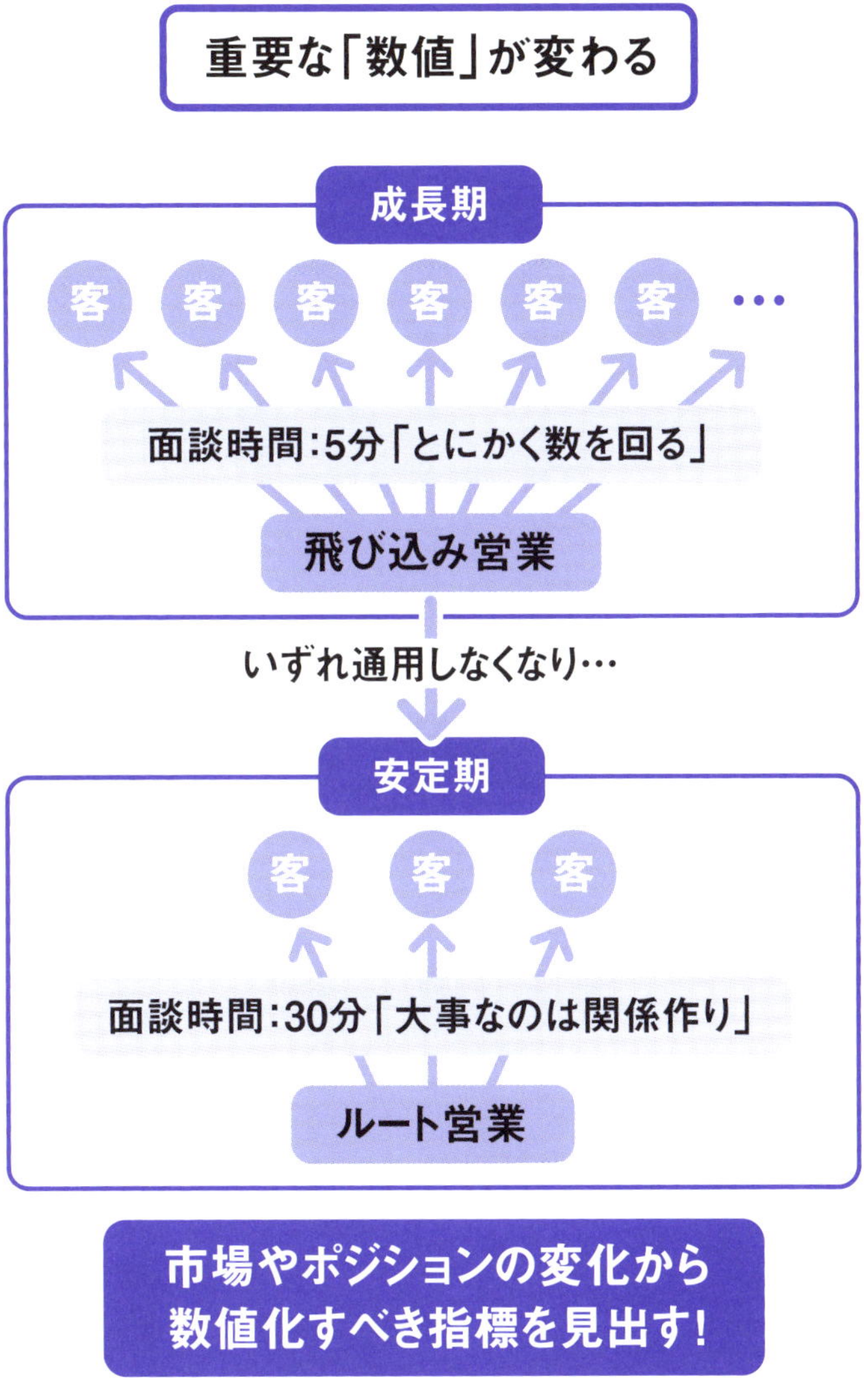
重要な「数値」が変わる
成長期
客
客
客
客
客
客
…
面談時間：5分「とにかく数を回る」
飛び込み営業
いずれ通用しなくなり…
安定期
客
客
客
面談時間：30分「大事なのは関係作り」
ルート営業
市場やポジションの変化から
数値化すべき指標を見出す！

2-07

計画書に落とし込もう

計画書に必要な項目が載っているか確認

▼空白を埋めることが目的ではない

ＰＤＣＡマネジメントにおいては、スタート時のアウトプットとしての計画書がマネジメントの軸になるという意味で、当然ながら極めて重要なものになります。

それにも関わらず、多くの企業で見受けられるのは、経営陣あるいは管理部門が作成した計画書のフォーマットに対して、**各項目の言葉の定義を深く考えずに、あるいは作り手との認識共有を図ることなく、ただ空白を埋めようとしている**という実態です。

こういったケースでは、来期の計画書を作成して提出しなければならないというタイミングでは当然計画書に向き合うものの、提出してしまった後は全く計画書の確認すらしていないということが往々にして起こっています。

作成者は提出してしまえば終了、受け取った担当部門もいったんとりまとめてしまえば終了、といった状況を放置しているようでは、PDCAなど回るはずもありません。

今一度、何のための計画書なのかを明確にする必要がありますね。

ダメな計画書の作成例

項目の意味を考えずにただ空白を埋めようとしがち

計画書は提出して終了・受け取ったら終了となりがちで、回らない

▼計画書に必要な項目

私がクライアントとお付き合いするタイミングでは必ず次のような質問をします。

「さて幹部の皆さん、本来、計画書を作成する目的は何でしょうか？　どんな目的があるのかを個々人で改めて考えた上で、議論してとりまとめて下さい」

話し合いの結果、目標を達成するため、メンバーと計画内容を共有するため、といった目的を筆頭に複数の目的が出てきます。

そこで次の質問をします。

「では、その目的を果たすために計画書に盛り込むべき項目は何でしょうか？　現在使っている計画書のことはいったん忘れて、必要な項目を洗い出してみて下さい」

もうおわかりかも知れませんが、この議論によって出てくる**必要な項目は、すでに使っている計画書の項目よりも増えるケースがほとんど**です。また、**それぞれの項目に対して、どういった内容を記述すべきなのかという議論も起きているため、既存の計画書にある項目についての理解も深まっている**わけです。

会社という組織では、計画書のように以前から決まっているフォームに関しては、長く使っていて見やすいという慣れから、抜本的に変えるのは難しいのかも知れません。

それでも、本来の目的をしっかりと見定めていれば、当然、記述内容も変わります。提出後も、自分自身がマネジメントに活用できる計画書を作成しましょう。

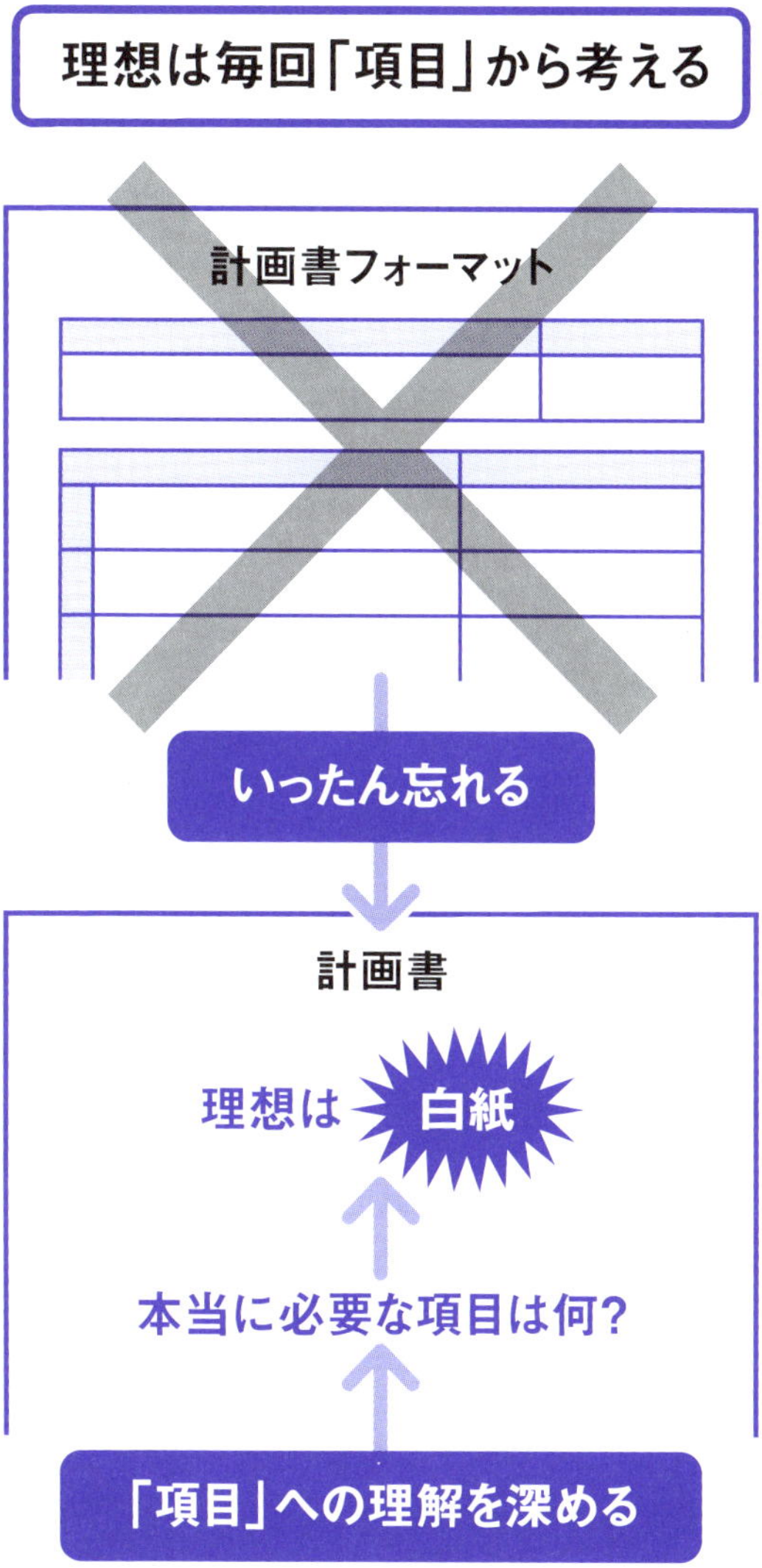
理想は毎回「項目」から考える
計画書フォーマット
いったん忘れる
計画書
理想は
白紙
本当に必要な項目は何?
「項目」への理解を深める

2-08

メンバーを巻き込もう

周囲の納得を得るためには実現可能性が必要

▼理屈だけで人は動かない

課長や部長といった役職につくと、より大きな責任を果たさなければならなくなるのは、どんな企業であっても共通していることでしょう。

より大きな責任を果たすために必要不可欠なことは、まず部下であるメンバーを巻き込むことです。ひとりひとりが発揮できるパフォーマンスには自ずと限界がありますが、組織の力を結集すれば、1＋1＝2といった計算式以上のパフォーマンスを出せる可能性があるわけで、それこそがリーダーのマネジメントに求められていることなのです。

ところが、部下を持つとまずそこでつまずいてしまう人も少なくありません。

そういった人たちに共通するのが、「仕事なんだから当然やってしかるべきだ」「給料をもらっているのだからその分の責任を果たすべきだ」というように**自分自身がそうやってきたのだから部下も当然そうすべきだという理屈で人を動かそうとする**ことです。

まずはリーダーが、**あるべき論の理屈だけで人は動かない**という認識を持ちましょう。

理屈で人は動かせない

計画書
リーダー
正論
・仕事だから当然やるべき!
・給料分の責任を果たすべき!
モヤ
モヤ
モヤ
モヤ
メンバー
「～すべき」の理屈だけでは人は動かない

▼納得するからこそ人は動く

ではどうすれば人は動くのでしょうか。

「やるべきことを理解し、納得すれば人は動く」というフレーズがよく使われますが、だとすると、どうすれば納得の領域まで持っていけるのかがポイントになります。

納得する際の心理状態を推察すると、「なるほど、そうか」という感情であり、その根底にあるのは「その通りにやればできそうだ」というイメージではないでしょうか。

つまり、**納得を得るためには、実現可能性が見えなければいけない**ということです。

多くのリーダーは、ＰＤＣＡマネジメントにおいて計画を作るのは自分の役割だという認識で、実行段階からメンバーを巻き込んでいこうと考えてしまうようです。

しかしながら、新しい取り組みであればあるほど、「やってみなければわからない」類のことも当然あるというか、成果が約束されているような取り組みなどほとんどないといってても過言ではありません。ということは、実現可能性を問われると何とも言えないケースの方が大多数だということです。

そのように考えると、方法は限られてきます。

計画を作る作業はリーダーの役割ではありますが、それをひとりで作らなければならないわけではありません。その段階からメンバーを巻き込んで、合意形成を図りながら作り込んでいくことで、納得のハードルをクリアしていきましょう。

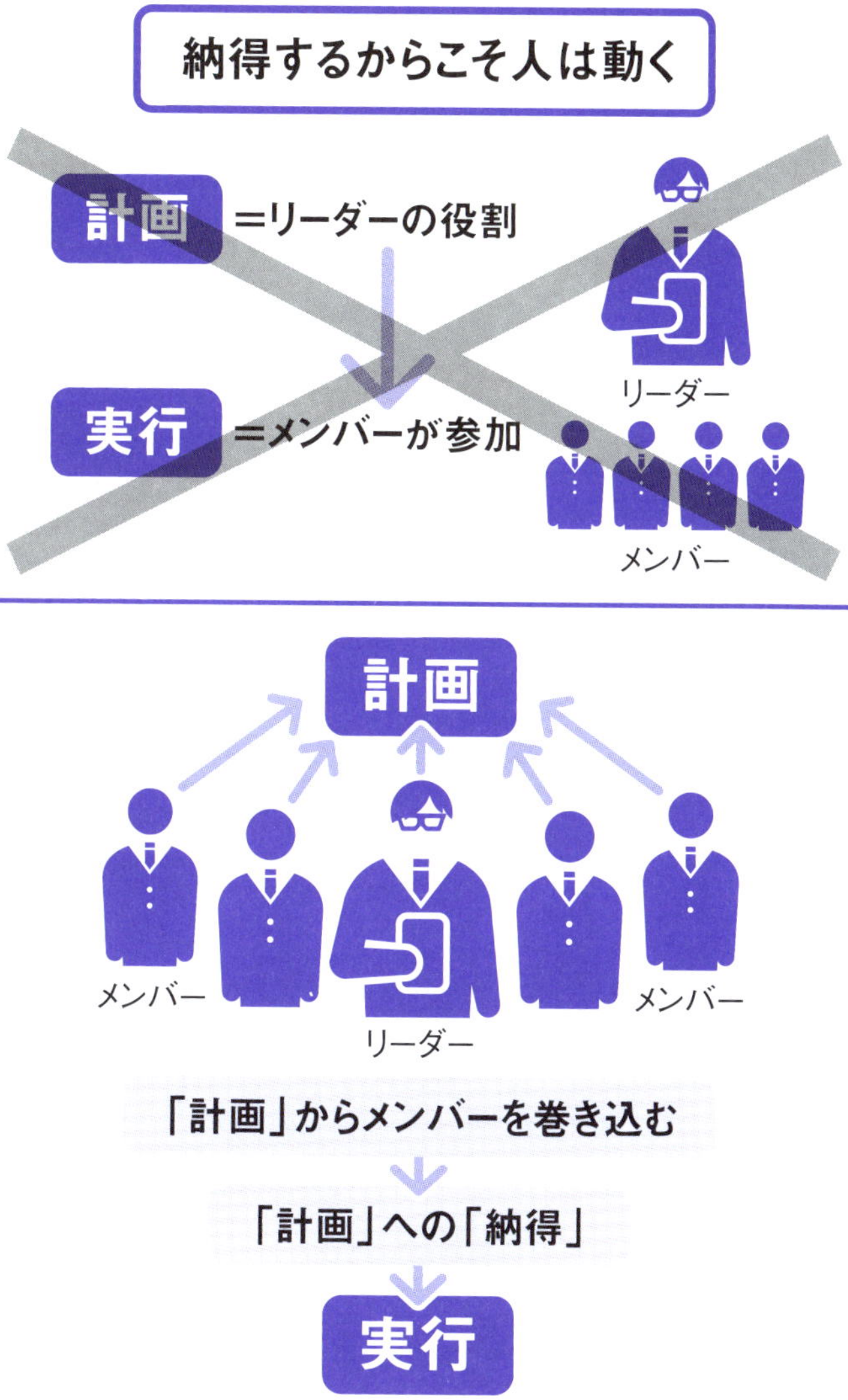
納得するからこそ人は動く
計画
=リーダーの役割
リーダー
実行
=メンバーが参加
メンバー
計画
メンバー
メンバー
リーダー
「計画」からメンバーを巻き込む
「計画」への「納得」
実行

2-09

他部門との連携を図ろう

組織全体でどう「計画策定」に取り組むべきか

▼自分のやれる範囲に捉われない

会社という組織を立ち上げて、徐々に規模が大きくなってくると、より効率的に業務を推進するための役割分担が不可欠になります。

よって多くの企業には、営業、企画、人事、経理といった部署が存在し、それぞれの部署に配属されたからには、まず自分の与えられた業務をしっかりやろうという意識が当然芽生えます。

日々の業務を円滑に行うという意味では大変良いことですが、計画策定の段階にまでその意識を引きずってしまうと、自分の所属する部署で取り組める範囲のものしか計画に盛り込まれないという弊害が起きるのです。

あらゆる部署が「ウチ（の部門）はしっかりやっています」と主張しているにも関わらず、会社全体の業績が好転していない状態は珍しくありませんが、その原因は、**それぞれの部署が部署の視点のみで計画策定に取り組んでいる**ケースがほとんどなのです。

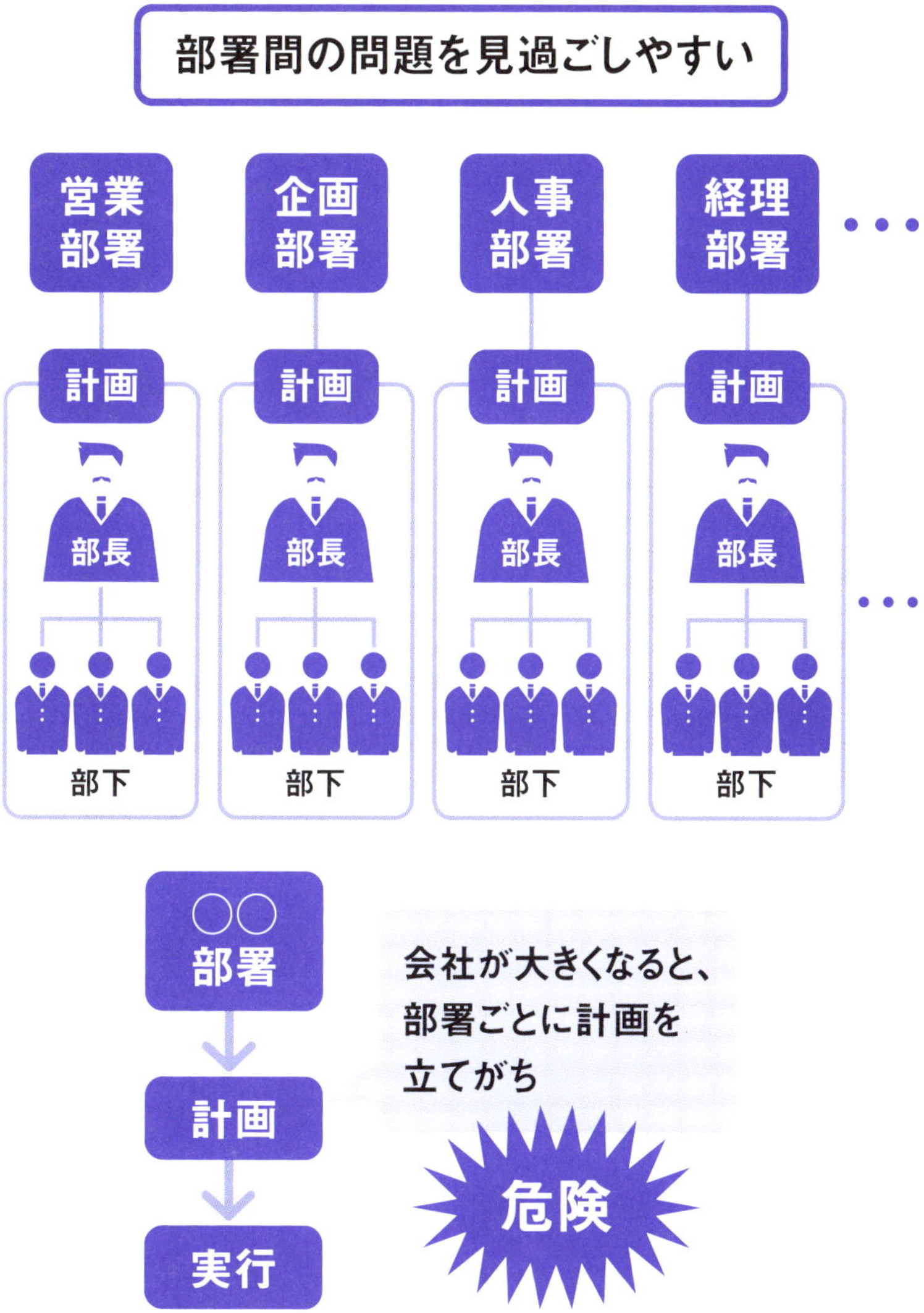
部署間の問題を見過ごしやすい
営業部署
企画部署
人事部署
経理部署
・・・
計画
計画
計画
計画
部長
部長
部長
部長
・・・
部下
部下
部下
部下
○○部署
計画
実行
会社が大きくなると、部署ごとに計画を立てがち
危険

▼落としている球こそチャンス

「多くの幹部が問題を認識しているのに、誰もその問題解決に取り組んでいない」

　このように書くと、「自分の会社ではそんなことは起きていないだろう」と思われる方も少なくないと思います。

　しかしながら、**各部署のリーダーが個々に計画を作るというプロセスで計画策定をとりまとめている企業ではほぼ間違いなく起こっている**といっても過言ではありません。

　それぞれの部署が、いわゆる部署の取り組みにフォーカスすればするほど、会社全体（あるいは複数の部署の協力のもと）で取り組まなければ改善しないような課題に関しては、「それはウチ（の部署）が取り組むべき課題ではない」と、「誰も球を拾わずに放置する」状況になってしまうのです。

　そのような状況下で落としてしまっている球こそ、実は会社の業績を好転させられる可能性を大いに秘めているケースが多々あります。

「他の部署のことに口出しするよりも、まず自分の部署のやるべきことをやる」という主張も正論には違いありませんが、**計画策定のスタートでは、各部署のリーダーを集めた上で、他の部署にもどんどん口出しできるような場をつくり、誰も拾わない球に対して組織全体でどう取り組むのかを明確にする**ことをお勧めします。

計画のスタートには各リーダーを集める

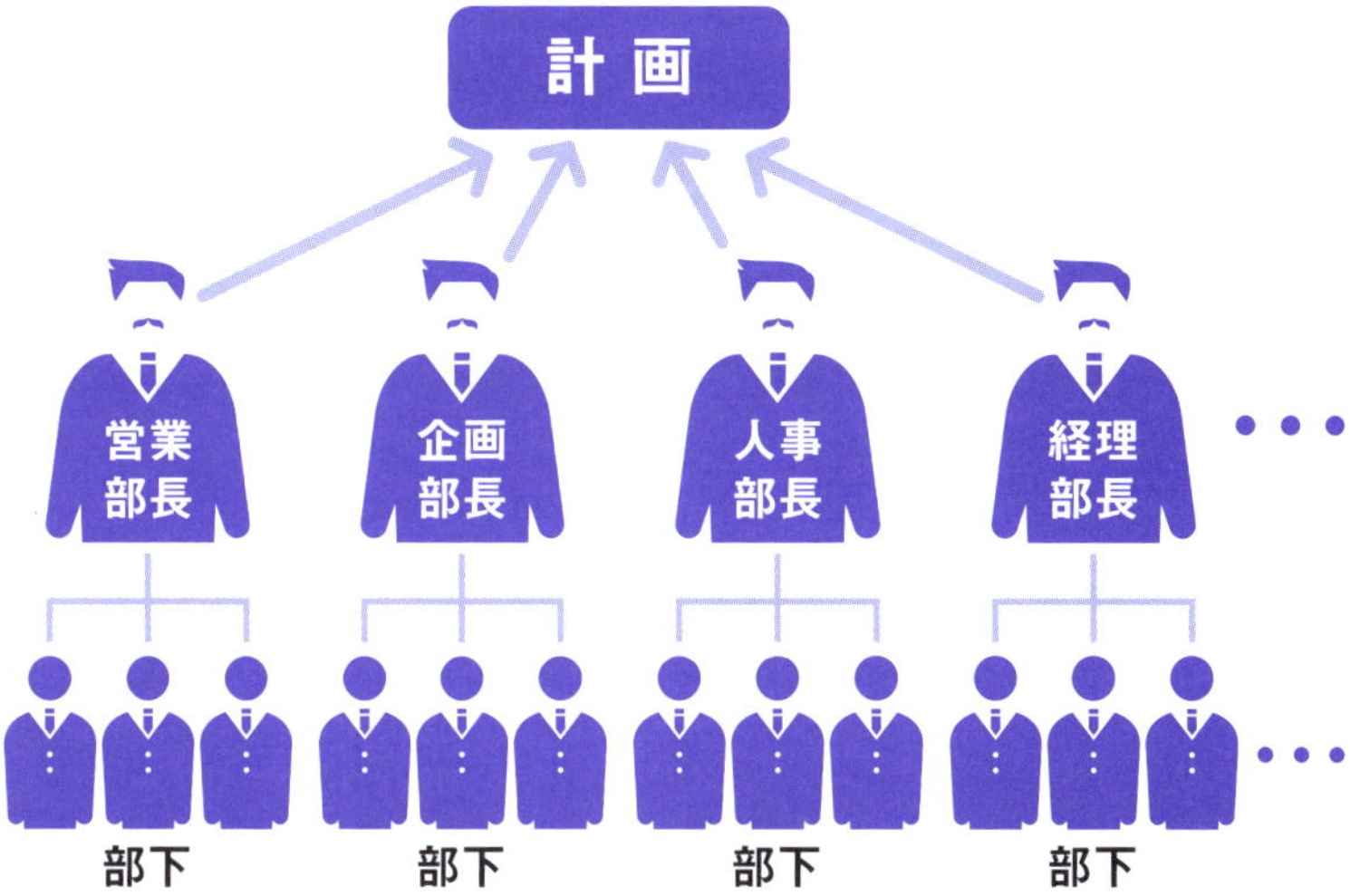

計画策定のスタートでは、各部署のリーダーを集め、他の部署にもどんどん口出しできるような場をつくる

↓

誰も拾わない球に対して組織全体でどう取り組むのかを明確にする

もっとも必要なのは「全体最適の視点」

コラム

目標を鮮明に描く練習をしよう

PDCAのスタートは、よりレベルの高い目標を鮮明に描くことです。

自分が携わっている仕事、あるいはより身近な普段の私生活面でも良いので、レベルの高い目標とはどんなものなのかを、日頃から考える癖をつけるようにしましょう。

本章で「おいしいビールの注ぎ方」を例に挙げましたが、家庭で作る料理などは、レベルの高い目標をイメージすると、作るプロセスにおいてどんな工夫をすべきなのかを明らかにできますね。

良好な人間関係を築き上げる、というのも良いテーマです。会社の上司や部下、あるいは同僚との関係でも良いですし、家族や交際相手でも構いません。

イメージしてみて下さい。

お互いの信頼関係が強固で、言いたいことがあれば忌憚なく言い合える、共通の目標に向かってイキイキワクワク頑張っているような理想の状態を。

例えば、現在がその理想の状態からは程遠いのであれば、どんなプロセスを辿ればその状態に近づいていくのか、そのプロセスにおいて必要な行動は何かを意識して実践してみましょう。

第3章

DO どうすれば「実行」できるのか

3-01

人（組織）はあきらめやすいもの

新たな取り組みは挫折しやすいことを意識する

▼新たな取り組みには慣れていない

ＰＤＣＡマネジメントは、今までやってきた仕事をよりうまく管理しようという考え方で取り入れようとするものではなく、今までとは異なる仕事のやり方への〝変化〟をいかにして起こしていくのかという考え方をベースにするべきだ、ということは理解いただけたのではないでしょうか。

〝変化〟という言葉を踏まえると、実行段階でやらなければならないことは、自ずと過去にやったことのない新たな取り組みだということになります。

ＰＤＣＡがうまく回らないと、私のもとに相談にこられる方々は、「ＰＤはできるけどＣＡが難しい」といった話をされることが多いですが、こういった前提は、恐らく今まで通りの仕事をＰＤＣＡに当てはめているだけであって、本来やるべきＰＤＣＡマネジメントではないと考えた方がよさそうです。

なぜならば、**慣れない新たな取り組みは実行の方が余程難しい**からです。

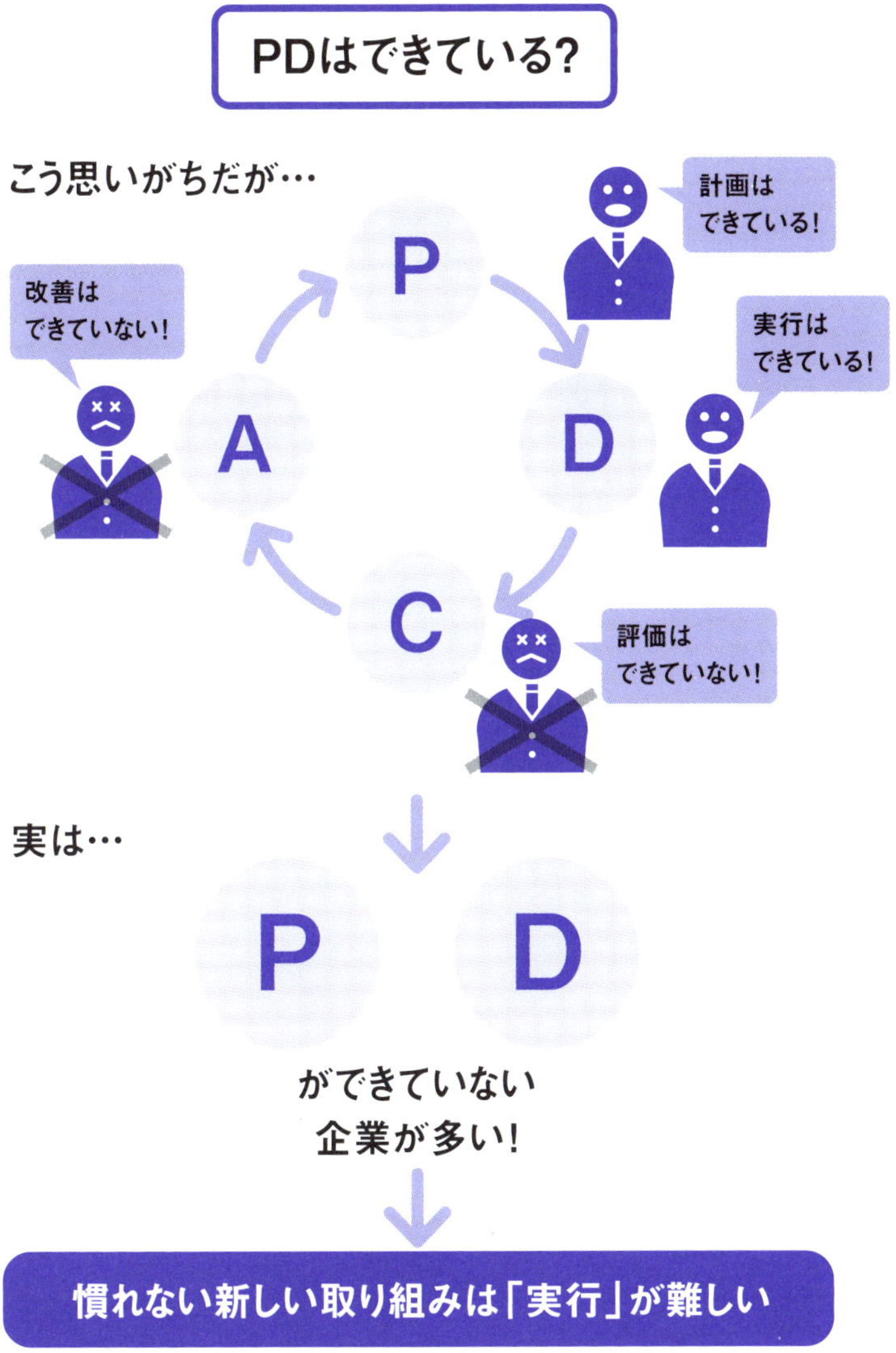
PDはできている?
こう思いがちだが…
P
計画は
できている!
改善は
できていない!
A
D
実行は
できている!
C
評価は
できていない!
実は…
P
D
ができていない
企業が多い!
慣れない新しい取り組みは「実行」が難しい

できない理由ほどたくさん挙がる

「ＰＤはできている」という思い込みから脱却しないと、ＰＤＣＡがうまく回らないと感じている状況は打開できないと考えた方がよいでしょう。

これまでに経験していない類の取り組みを実行しなければならない場面を想像してみて下さい。例えば、「既存顧客のフォローが中心の営業活動から、新規顧客開拓中心の営業活動へ」「中途採用を軸とした人材採用から、新卒採用メインの人材採用へ」、あるいは「新規事業の立ち上げ」といった業務に関して、「ＰＤはできている」と言えるような状態まで持っていくのは容易なことではありませんね。

それにも関わらず、少しでもうまくできない状況が続いてしまうと、人はできない理由を挙げながら、その状況はしかたないという考えを持ち始めます。

その最たるものが、「ウチの会社には合わない」というコメントです。

「ウチの業界は特殊だから」「ウチのエリアは閉鎖的だから」といった枕詞をできない理由として挙げた瞬間、「できるようにするためにどうすべきか」という方向に考えを振り向けることはできなくなってしまいます。思考停止に陥ってしまっているといっても過言ではないでしょう。

実行段階においては、「人（組織）はあきらめやすいもの」ということを念頭に置いて、取り組みを推進していく姿勢が大切になってきます。

「実行」できない理由は挙げない！

P & D

既存客をフォロー → 新規顧客中心へ
中途採用が軸 → 新規採用中心へ
既存の事業 → 新規事業立ち上げ

↓

これまでに経験したことのない
「実行」が必要

↓

「ウチの会社には合わない」
「ウチの業界は特殊」
「ウチのエリアは閉鎖的だから」

**できない理由を挙げて
あきらめがちに**

3-02

あきらめなければ必ず成功する？

あきらめないための仕組みづくりが大事

▼格言の意図はここにある

「あきらめなければ必ず成功する」

この言葉は、パナソニックの創業者である松下幸之助氏が残された格言で、ご存知の方もたくさんいらっしゃることだと思います。

「成功するまであきらめなければ失敗にはならないんだから、そりゃそうだよね」といった捉え方をしている人も多々いるようですが、この格言の意図は、前項でも述べているように、**「なんだかんだいっても、人はすぐにあきらめてしまっている」ことに対する戒め**だと考えた方がよいでしょう。

自分が費やした時間、あるいは努力や労力の分だけ、徐々にでも成果が表れることを人は期待しますし、もしそうであればあきらめることはないでしょう。

しかし、ビジネスの現場はなかなかそう思い通りになるものではないんだということを、私たちに教えてくれているのだと思うのです。

格言の意図を理解する

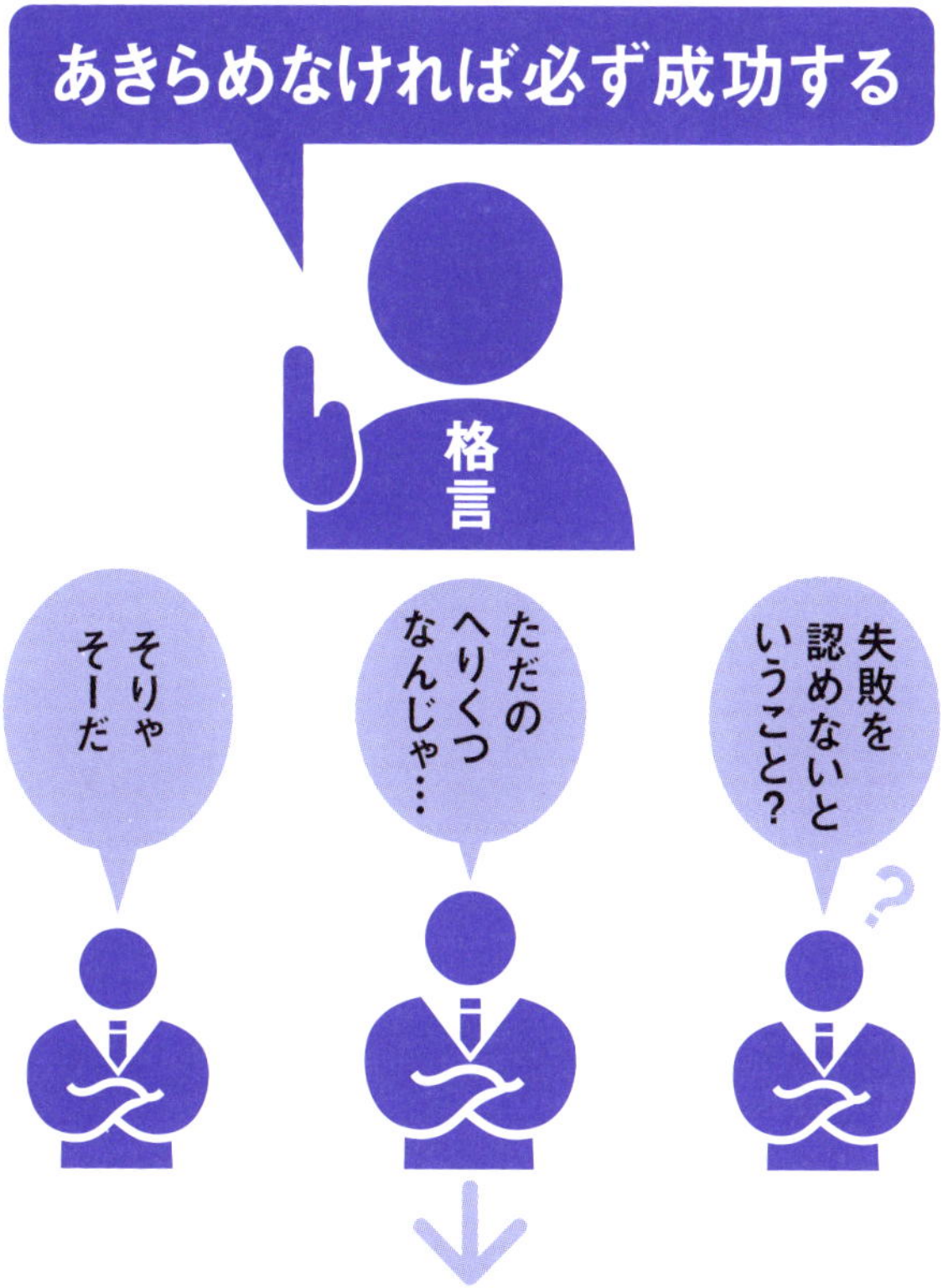
あきらめなければ必ず成功する
格言
そりゃそーだ
ただのへりくつなんじゃ…
失敗を認めないということ?
?

真意は

人間はそれだけあきらめやすい生きもの

という戒め

▼あきらめないために必要な取り組み

ビジネスにおいては、最終的に売上や利益につながっていなければ意味がないということで、あくまでも結果指標であることは頭で理解していながらも、売上や利益への貢献によって成果を判断しているケースが多いです。

ただでさえ、あきらめやすい新たな取り組みですから、それが直結しているのかどうか認識しづらい指標で計ってしまうと、元の木阿弥(つまり以前のやり方)に戻ってしまいやすくなるのは想像できないことではありません。

必要なのは、新たな取り組みの進捗度合いを短いスパンで管理できるように細分化し、その細分化した過程の成果を承認するような体制を確立することです。

営業の新規開拓を例に挙げると、当然、新規顧客からの受注が成果になりますが、活動した分がどんどん受注につながるわけではありません。

しかし、「キーパーソンを把握する」「初対面で好印象を獲得する」「キーパーソンの関心あるテーマをつかむ」「自社の特徴を理解してもらう」のように、受注までに必要なプロセスを細分化すれば、日々の活動でできたことを承認し合うことができますし、進まない場合もより効果的な手を打つことができるでしょう。

このように、**最終的な成果だけではなく、その成果につながるようなスモールウィンを積み重ねることで、実行を継続させていくこと**が大切です。

あきらめないためには「小さな成果」を積む

営業の新規開拓例

大きな成果を目指す

- キーパーソンを把握する!
- 初対面で好印象を獲得する!
- キーパーソンの関心のあるテーマをつかむ!
- 自社の特徴を理解してもらう!

小さな成果を積み上げる

新規顧客からの「受注」

3-03

PDCAにおける「実行」は変化

実行するために日常業務も変化させる

▼難易度との戦い

新たな取り組みによって〝変化〟を起こすことは、そもそも〝変化〟を受け入れづらい組織の特性と、さらにはあきらめやすいという人の習性が相まって、多くの組織にとって容易な話ではありません。

ＰＤＣＡマネジメントにおいては、この〝変化〟こそが「実行」ですから、**ＰＤＣＡの４つのフェーズの中で「実行」こそがもっとも難易度が高い**と考えても間違いではありません。

「こうすれば、もっとたくさんの仕事量をこなせるはず」

「こうすれば、もっと速く仕事を進められるはず」

理屈はわかっていて、できそうなイメージも持っていたはずなのに、実際にやってみると思いのほか難しいことを実感するのが、「実行」フェーズです。

「実行」することを目的だと履き違えてしまい、そもそもの意味をも見失ってしまうことには十分気をつけてもらいたいと思います。

実行＝変化

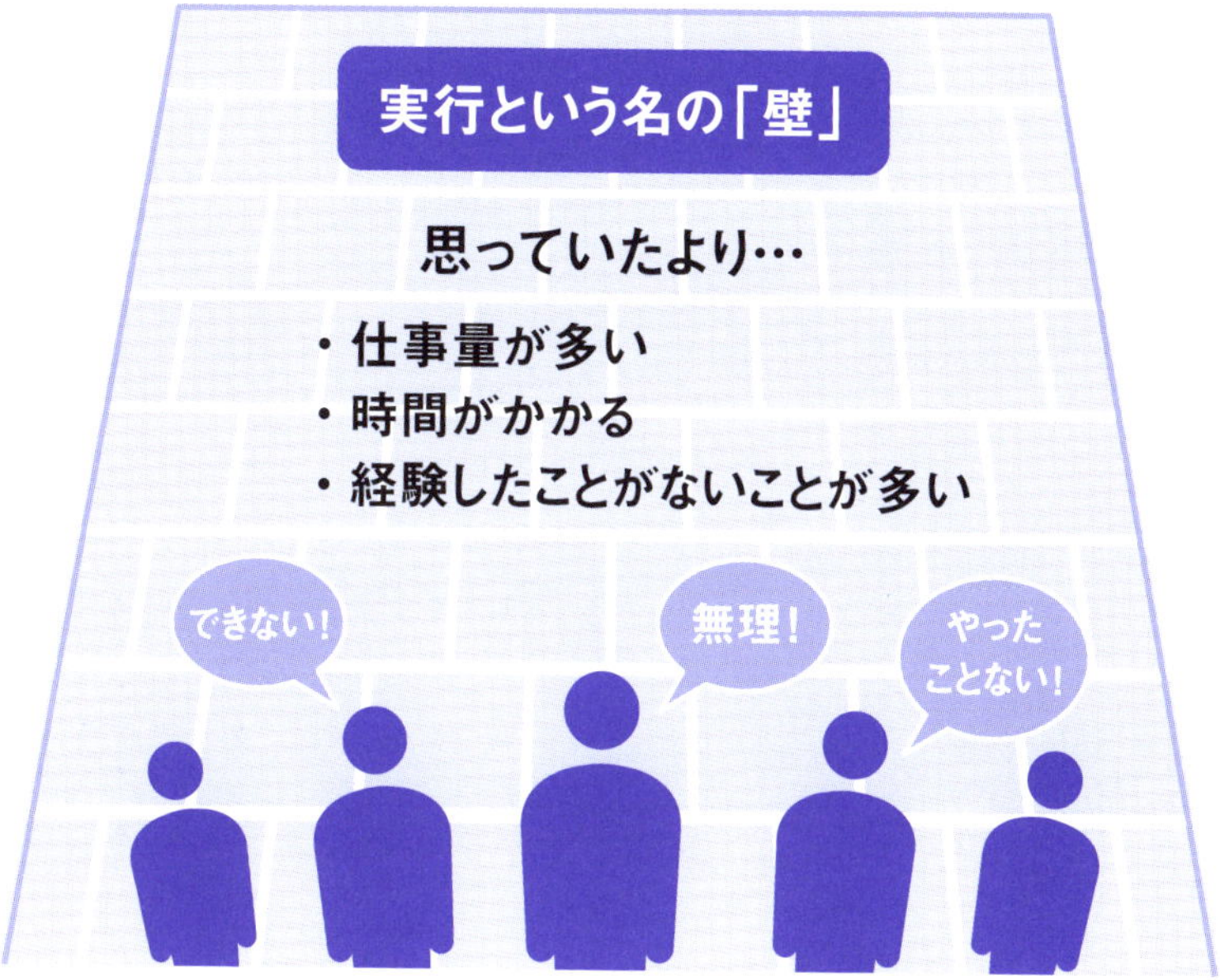

実行という名の「壁」
思っていたより…
・仕事量が多い
・時間がかかる
・経験したことがないことが多い
できない！
無理！
やったことない！

実行＝目的 ×　実行＝変化 ○

実行を「目的」と履き違えない
実行は「変化」のために行う

▼日常業務との戦い

新たな取り組みを実行する際にもうひとつ注意したいのが、日常業務と呼ばれているような仕事との折り合いです。

各部署の業務は、その業務を滞りなく処理していくことによって、企業活動が円滑に回っていくことを狙って分担されているものも多く、それらの業務は当然のように日々発生します。

日常業務そのものが変化の対象になっているのであれば、特に問題は生じないと思われますが、日常業務に新たな取り組みが付加されるパターンも決して少なくありません。

このような場合、担当者はどうしても**日常業務の方を優先することになるため、結果として新たな取り組みは放置されてしまう**といった事態に陥ってしまうのです。

ではどうすればよいでしょうか。

まずは、新たな取り組みを優先すべきだという認識の転換が必要になります。

その上で、**日常業務を今まで通りのやり方で対応するという行動を変える**こと、つまり、より効果的かつ効率的なやり方へ変化しようという意識を持たなければなりません。

よって、結果的には日常業務も必然的に変化の対象になるわけです。

このような問題の構造に、気づいているかいないかだけで、実行の品質に大きな差が出ることもあるので、是非知っておいてもらいたいと思います。

日常業務のスモール化が必要

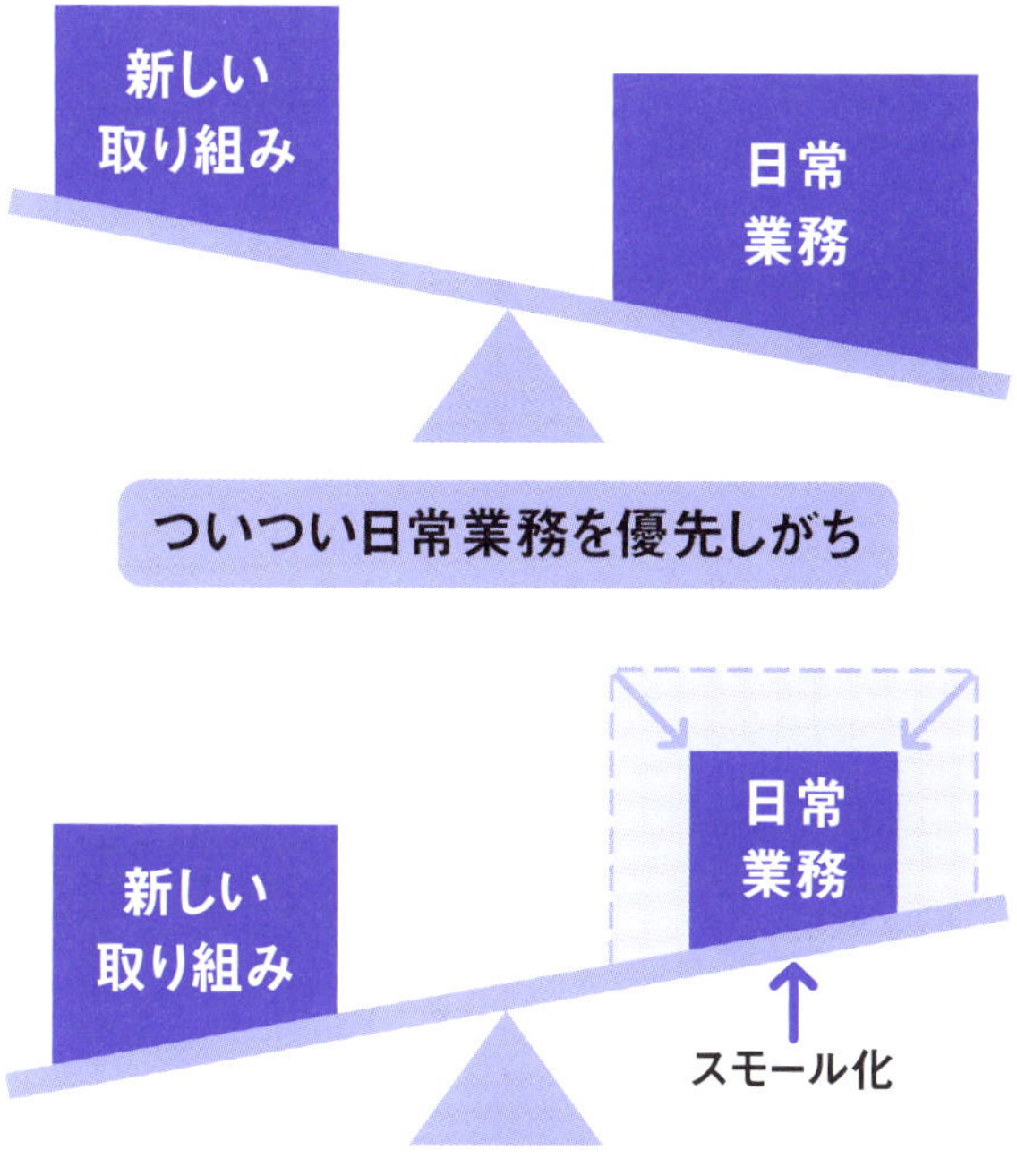

新しい取り組みを優先させるために日常業務の効率化が必要

3-04

限られた労働時間を有効に使おう

やめてしまってもいい業務を決める

▼やることばかりが増える

〝変化〟の局面においては、やる気のある組織であればあるほど、やるべきことが増える傾向にあります。

言うなればやる気の表れですから、一概に悪いことばかりではありませんが、そうは言ってもひとりひとりの労働時間は限られていますし、組織の従業員を突然増やせるわけでもありませんね。

人・モノ・カネといった経営資源が限られている状況において、必然的に増えてしまうやるべきことを、どのようにやりくりして実行を担保するのかが、幹部に求められている大きな役割です。

ただでさえ、現場担当者は「アレもコレもたくさんあり過ぎてとても手が回らない」という意識になってしまいがちです。その声に引きずられることなく、具体的かつ客観的事実に基づいたマネジメントを心がけるようにしましょう。

変化は業務を増やしがち

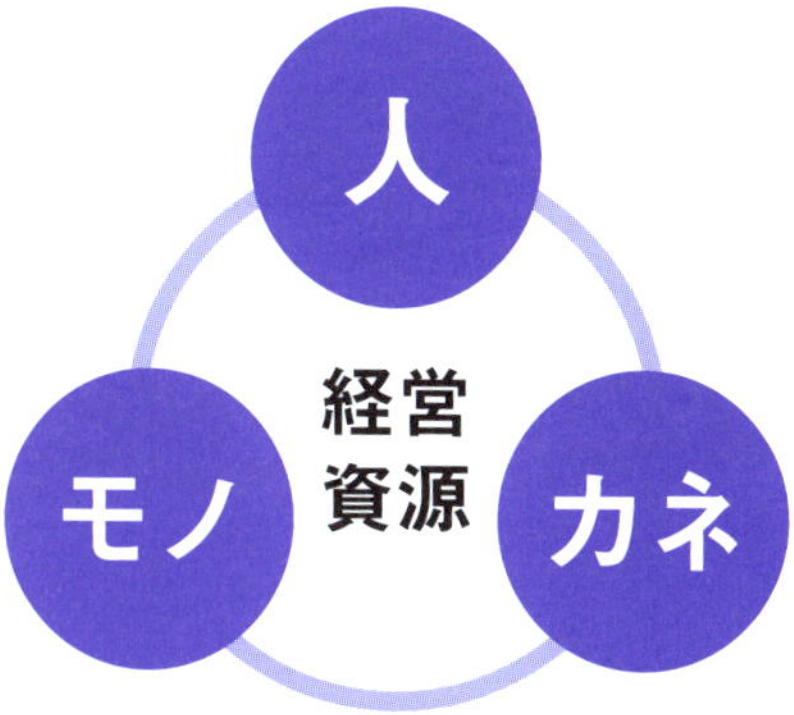

人・モノ・カネといった経営資源には限りがある

マネジメント＝やりくり

▼優先順位よりも劣後順位

仕事量が増えてくると、業務単位で優先順位をつけた上で、ひとつひとつ取り組んでいくことが推奨されていますね。

間違っているとは言いませんが、現場担当者が陥ってしまうのは、冷静に考えれば考えるほど、重要ではない業務を任されているわけではないので、結局、その都度ふってくる業務に対応してしまっているという実態です。

やるべきことが増える状況において考えなければならないのは、優先順位ではなく劣後順位ではないでしょうか。

劣後順位というのは、優先順位の反対の意味で使っていますが、具体的にはやめてしまってもいい業務を決めるということです。

やめていい業務などないと思われるかも知れませんが、これまでに組織体制を構築してきた流れのなかで、異なる部署で似たような仕事が行われていたり、ある時点の担当者独自の工夫が脈々と引き継がれていたり、あるいは他部署に任せてしまった方が圧倒的に効率的だったり、よくよく話を聞いてみると、やめてもいいと判断できるような業務を発見するケースは多々あります。

自分の部署という範疇だけで考えてもなかなか答えは出ないので、全社的な視点を持つメンバーが集まった上での議論が望ましいですね。

優先順位より劣後順位

優先順位

業務単位で優先順位をつけると、
その都度ふってくる業務に対応しがちに…

劣後順位

やめてもいいと判断できる業務を発見する

3-05

会話の時間を設けよう

変化するには会話が不可欠

▼変化がなければ必要ない

しーんと静まり返ったオフィス、従業員はデスクのパソコンに向かって黙々と作業しているような場面を想像してみて下さい。

仕事内容にもよりますので、一概に良くないといった評価はできませんし、見方によっては「定型的に決められた作業をこなすことで売上利益を出せる」強いビジネスモデルを持っているとも言えるかも知れません。

大きな変化を求めなくても成果が出せるのであれば、現場のコミュニケーションが活発でなかったとしても問題視する必要はないようです。

しかしながら、ここまで割り切って仕事に臨める環境は限られていると思いますし、恐らくそういう職場環境の方がＰＤＣＡに悩まれることもないと思います。

よって、この本を手に取っている皆さんの職場において、もしも**コミュニケーションが希薄だと感じているのであれば、それは由々しき問題**です。

変化が必要なオフィス・必要ないオフィス

変化を必要としないオフィス

変化を必要とするオフィス

▼変化するには議論が不可欠

誤解を恐れずに言うと、変化に強い組織の仕事環境は騒がしいという表現がぴったりだと思います。

新たな取り組みに挑戦しているときは、どちらかというとうまくいかないことが圧倒的に多いわけで、それらの議論を定期的に行っている会議などの場まで持ち越しているようではどんどん遅れてしまいます。

しかも、一般的に行われているような参加人数の多い〝会議〟の場では、なかなか本質的な議論にならないことがほとんどで、そうなると、結局何も解決に向かっていきません。

より有効なのは、**1対1の〝対話〟や5名以下で行う〝討議〟の場を作る**ことであり、組織のリーダーは、意識してこのような場を設定しなければなりません。

効果的に行うポイントは、**堅苦しさを排除して、ざっくばらんな会話（嘘偽りの無い実態とそれに対する意見）が飛び交うような場作りを心がける**ことです。

〝会議〟という言葉に対比させる意味で、〝対話〟〝討議〟という言葉を使っていますが、普通に会話すれば良いと思っていただいて構いません。

実行を、個々人ができる範囲の努力に委ねるから、うまくいっていない実態が共有されずに現状認識が遅れてしまったり、あるいは、ややもすると完全に放置されてしまうといったより悪い事態を招いてしまうのです。

変化に必要な"場"とは

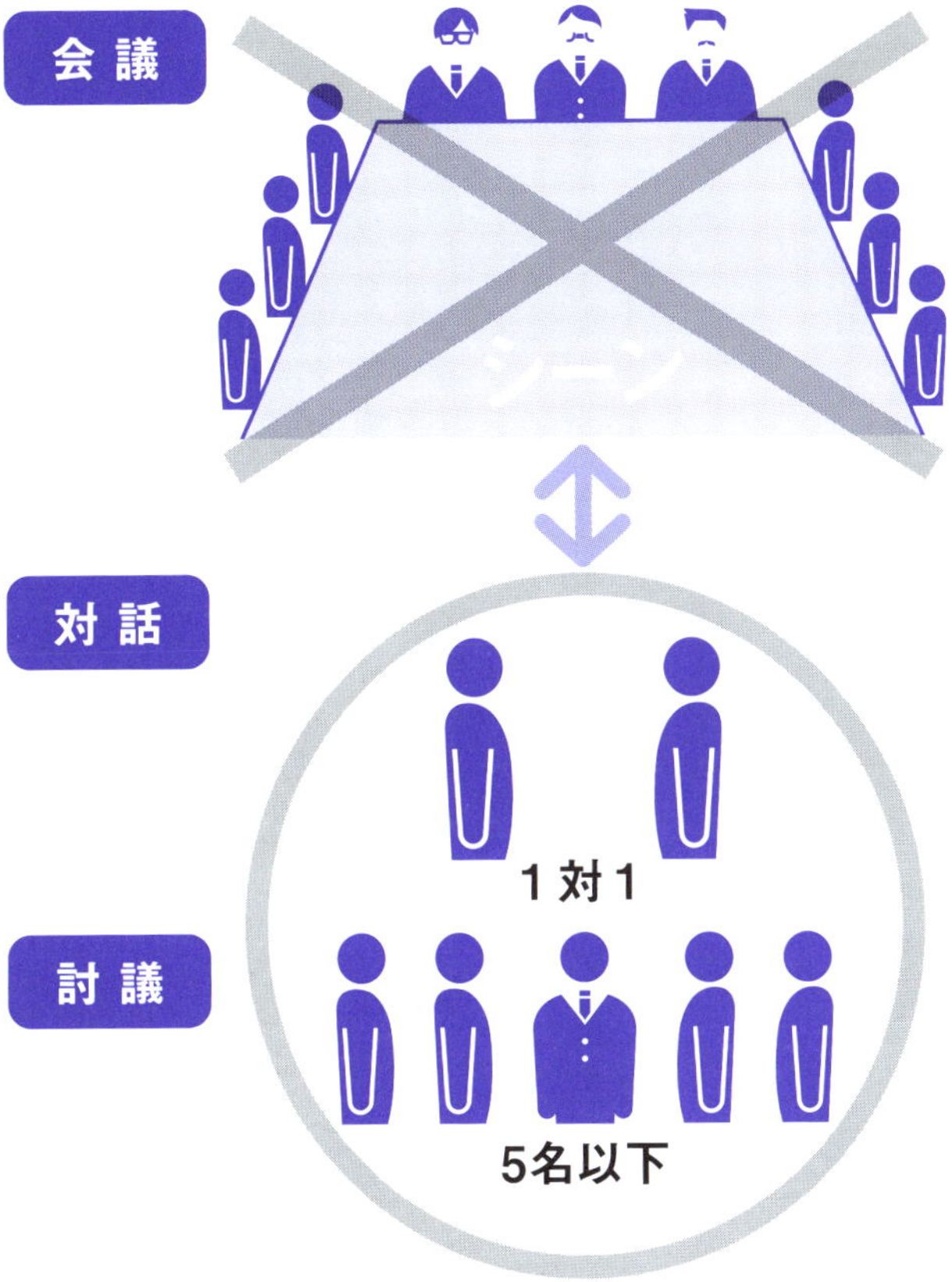

ポイントは、堅苦しさを排除して、ざっくばらんな会話が飛び交う場作りを心がけること

3-06

良い体感を共有しよう

ビジネス脳はチームで共有する

▼決める・やる・体感・共有

新たな取り組みを滞りなく進捗させるために、必要不可欠なサイクルがあります。

取り組むことを決める→決めたことを実際にやる→やってみた取り組みは良い（悪い）を体感する→その体感を周囲と共有する→共有した内容を踏まえてやる……。

特に、体感→共有の部分がポイントとなります。

新たな取り組みの場合、最初からうまくできる可能性は低いでしょうから、必然的に悪い方の体感が多くなってしまいます。

これを放っておくと取り組みそのものが頓挫してしまいます。よって、**同じような体感に直面しているメンバーがいることを、あるいは一方でうまく進めているメンバーがいることを認識させるために、共有することが必要不可欠**なのです。

他にも頑張っているメンバーがいるし、中にはうまくやっているメンバーもいる、しかもいつでも話ができる、この安心感が継続につながるのではないでしょうか。

実行を進捗させるサイクル

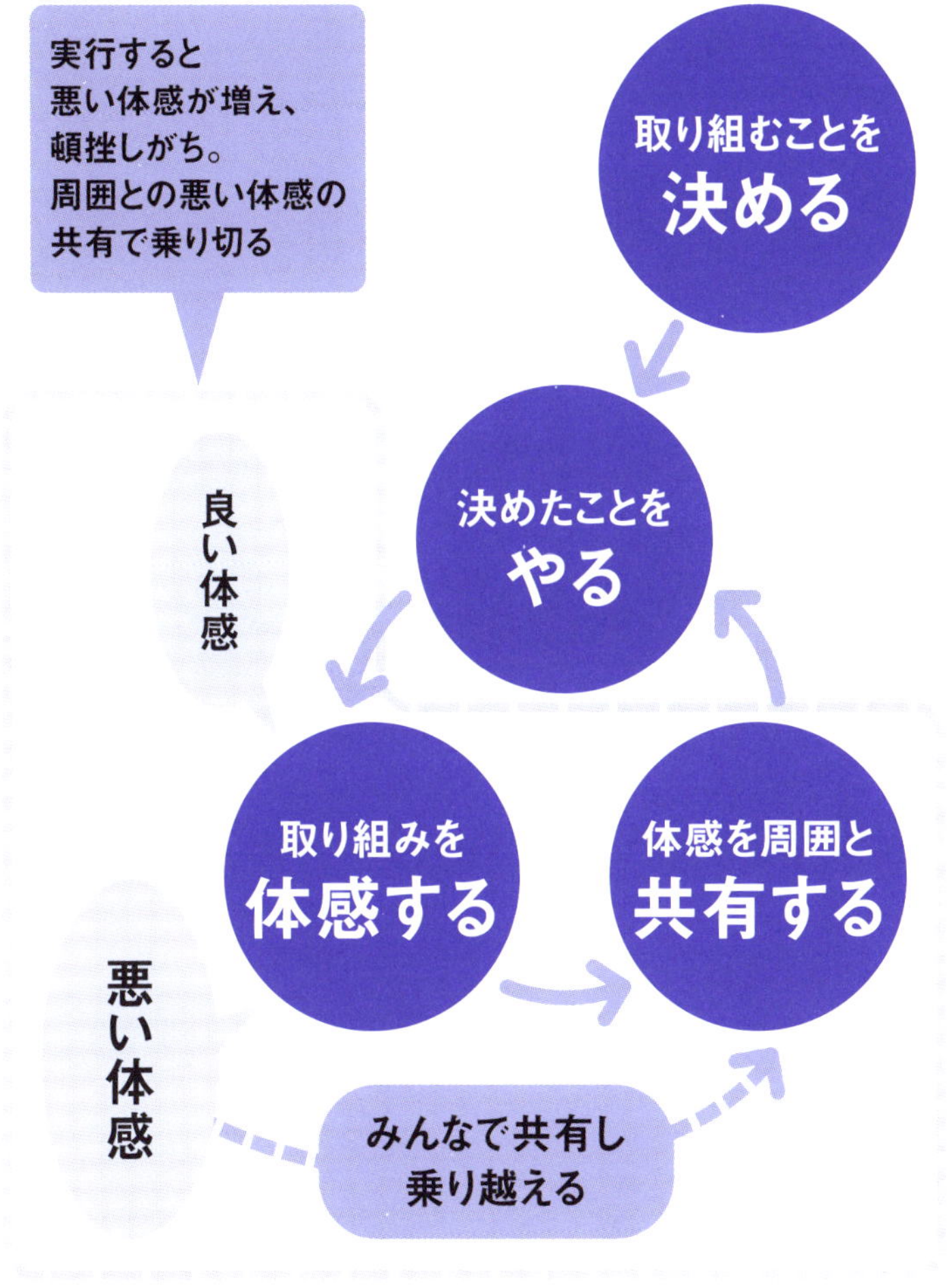
実行すると
悪い体感が増え、
頓挫しがち。
周囲との悪い体感の
共有で乗り切る
取り組むことを
決める
決めたことを
やる
良い体感
取り組みを
体感する
体感を周囲と
共有する
悪い体感
みんなで共有し
乗り越える

▼ビジネス脳の共有でレベルアップ

会話する時間を積み重ねることによって、確実に組織の実行レベルは上がります。

もしも、リーダーである皆さんのビジネス脳（こんなときはこうすればよいという考え方）をメンバーが同じように持っていたとしたら、組織全体でさらに高い成果を出せるのではないでしょうか。

もちろん指示を出す際に、「こうした方がうまくできるはず」「このように考えてみるとよい」といったアドバイスを盛り込んでいるでしょうから、常々そういう努力をしていると思われているかも知れません。

しかしながら、それだけで思うようなメンバーの成長につながっているのかと問われると、疑問符をつけざるを得ない、というのが実態だと思います。

必要なのは、その都度伝えているアドバイスについて、「なぜ、自分がそういったアドバイスをしているのか」という、**アウトプットのベースにある過去のインプット（知識や経験）やそれらに基づく価値観までをも共有すること**なのです。

通常、見えていない部分こそが重要だということを〝氷山理論〟と言います。

海面下には、海面上に見えている部分よりも大きなものが存在しているわけで、積み重ねてきた潜在的な部分を伝えなければならないと考えれば、会話する時間を増やすことは最低限必要な要素だと考えるべきですね。

ビジネス脳をチームで共有する

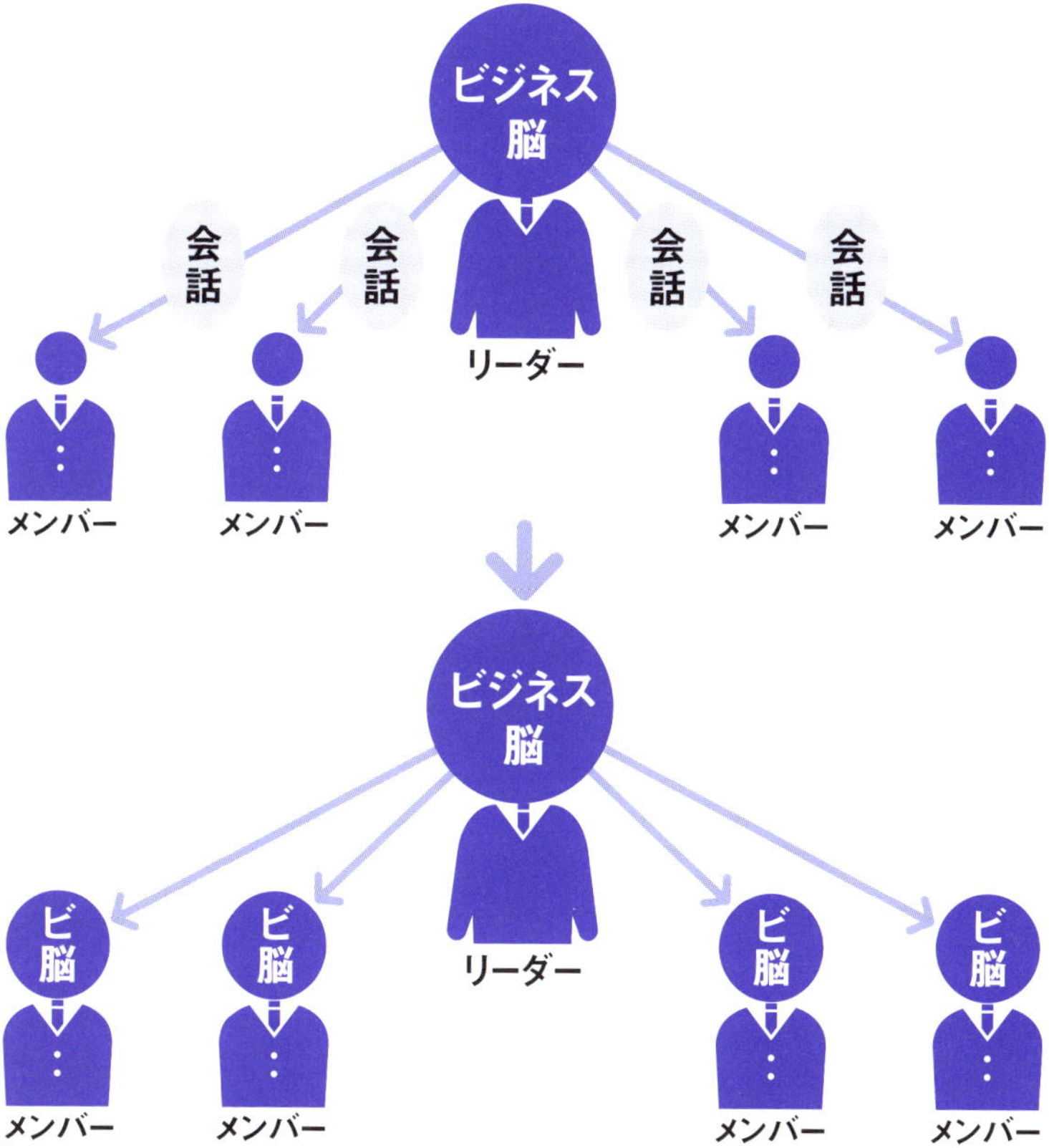

「会話」の積み重ねによって ビジネス脳は共有できる

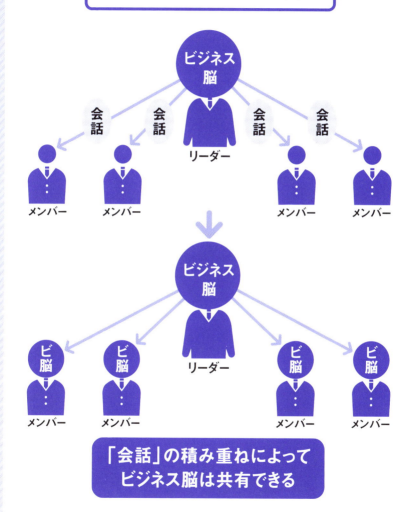

3-07

リーダー自ら率先し模範になろう

話しかけやすい雰囲気作りはできているか？

▼積極的に話しかける姿勢

「最近の若手社員は報連相がなっていないんですよ」といった話をよく耳にします。

確かに、そのような見方もできるのかも知れませんが、報連相が徹底できている環境を作るのは、組織のリーダーの仕事だとも言えますね。

職場で会話が飛び交っているような組織であれば、報連相などと大上段に構えなくても、普通に実践されているものです。

そもそも上司に対してざっくばらんに話しかけることなど、どんな組織であっても、普通に考えると難しいことでしょう。

よって大切なのは、リーダー自らどんどん声掛けをするという積極的な姿勢です。

朝の「おはよう」のあいさつも自分から、仕事上の「先日依頼した件はどうなってる？」という**報連相も自分から、その率先垂範が周囲に伝播していくことで、会話が飛び交うような組織に変わっていく**のです。

積極的に話しかける姿勢

朝のあいさつは上司から

仕事上の報連相もリーダーから

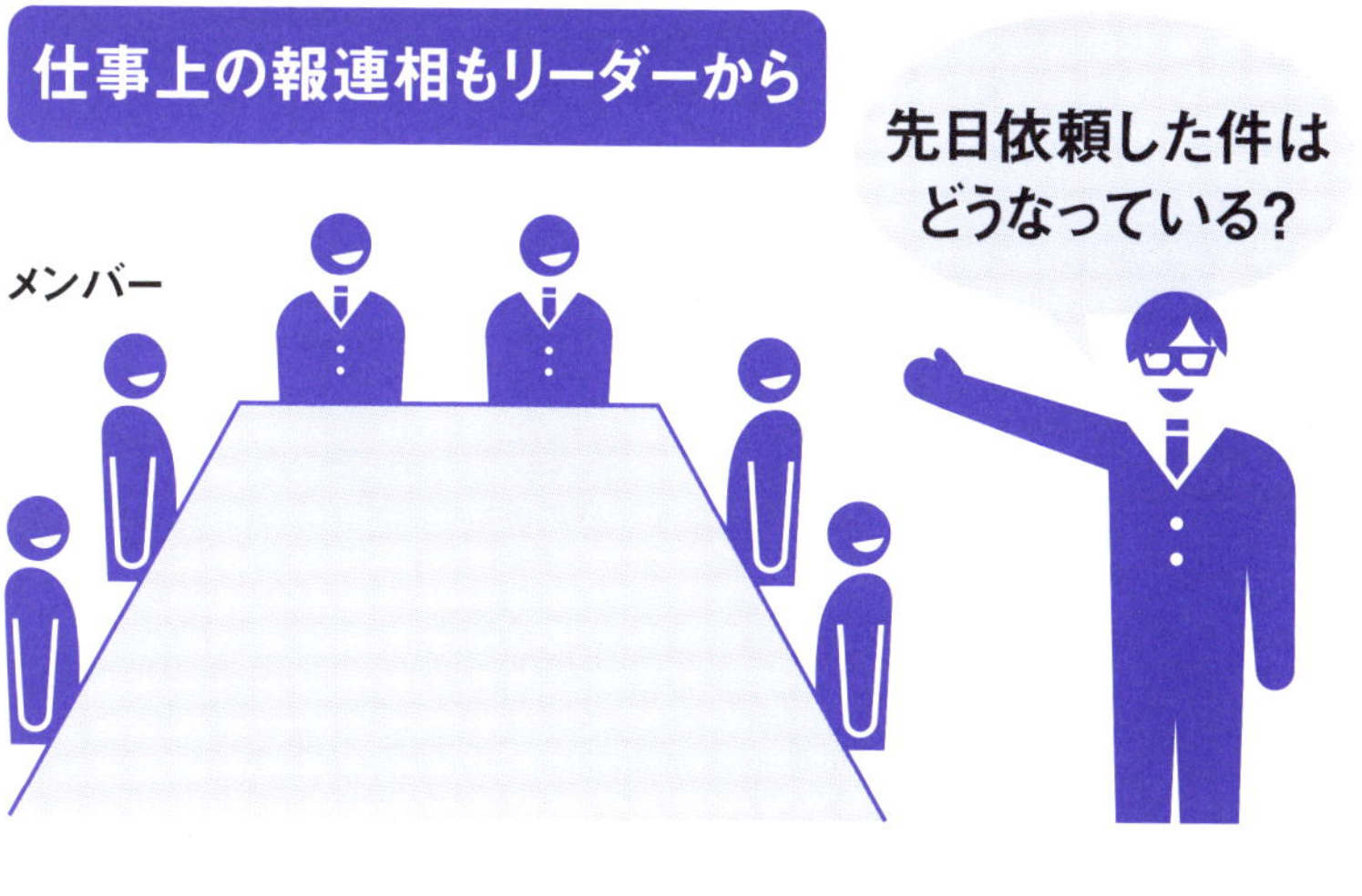

▼相手が話しかけやすい雰囲気

率先垂範の声掛けにおいて気をつけることは「明るさ」です。

暗い声で「おはよう」とあいさつされたら、メンバーは「機嫌が悪いのかな」と余計な気遣いをしたりして、ややもすると逆効果になりかねません。

「今までそんな姿勢でいなかったので、突然明るく振る舞うのは難しい」といった声が聞こえてきたりしますが、そんな方こそよく考えてみて下さい。

リーダーが「気分の良い」状態で職場にいるのと、「機嫌の悪い」状態で職場にいるのとでは、どちらの方がメンバーのパフォーマンスは上がるのでしょうか。

近年、スポーツの世界では「持っている力を試合で発揮する」ためにはメンタルが重要だという理解が広まり、トップアスリートであってもメンタルトレーニングを受けるのが普通のことになってきています。

メンタルがパフォーマンスに影響を及ぼすのは、決してスポーツに限った話ではありません。同じ人間のやることですから、**ビジネスにおいてもメンタルが実行に影響を及ぼし、それによって結果が左右されてしまう**と考えるべきですね。

そもそも、「機嫌の悪い」状態にいると、実際は自分自身のパフォーマンスにも悪影響を及ぼしていることになり、そのこと自体がメンタルをコントロールできていないことだと認識することが大切です。

話しかけやすい雰囲気作り

常に不機嫌
バリバリ仕事をしていて
話しかけづらい
遠目で様子を
うかがう
上司
部下
常に上機嫌
話しかけやすい
雰囲気
先日の件ですが…
部下
上司

ビジネスの実行力に
メンタルが影響する

3-08

コミュニケーションを円滑にしよう

認識の共有にあいまいな言葉は使わない

▼あいまいな言葉でわかったふりをしない

本書の中で「目標」と「計画」を混同して使ってしまっている例をすでに挙げていますが、それと同様に、意味があいまいなまま言葉を使っているケースが多々見られます。代表的なものが「戦略」です。

部課長クラスから、「そもそも我が社には戦略がないんです」といった話を聞き、その声を経営陣に伝えると、「いやいや、常々話しているのになぜそういう認識になってしまうのか意味がわからない」と全く噛み合わなかったりするわけです。

「戦略」という言葉は、同じ日本人であれば言葉の意味は通じていると思います。

しかしながら、これが〝我が社の〟「戦略」となると、一般的な言葉の意味だけのあいまいな理解では当然不十分で、それは**一体どんなことなのかという言葉の裏側までをも理解しないと共通の言葉にはなりません**。

何気なくあいまいな言葉を使ってしまっている現状にまずは気づくところがスタートです。

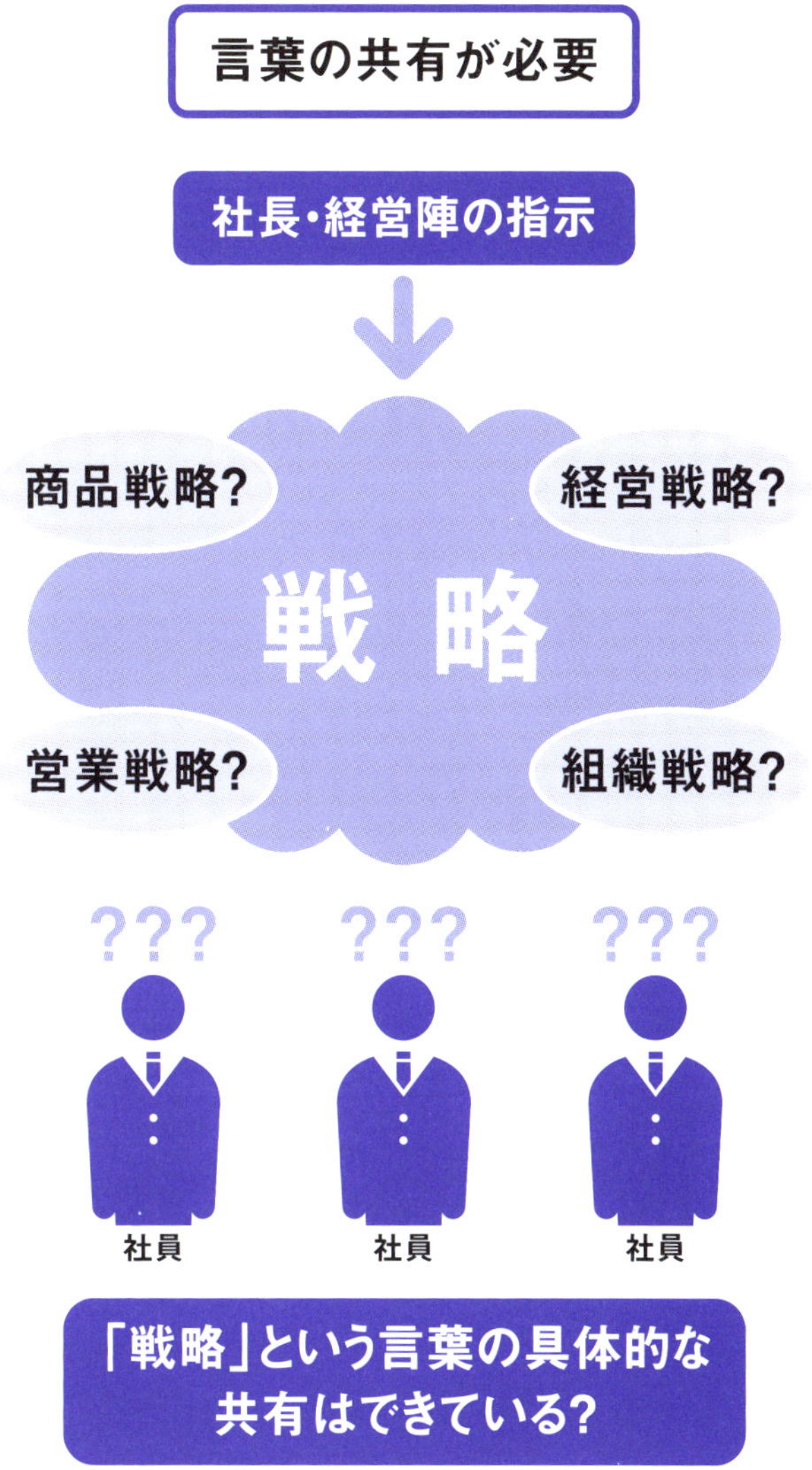
言葉の共有が必要
社長・経営陣の指示
商品戦略?
経営戦略?
戦略
営業戦略?
組織戦略?
???
???
???
社員
社員
社員
「戦略」という言葉の具体的な
共有はできている?

▼言葉には徹底的にこだわろう

「我が社はマーケティングが弱いです」あるいは「我が社は営業力が弱いです」という表現をされる方は少なくありません。

これらも、言わんとすることはわからなくもないのですが、同じ発言をしている方によくよく話を聞いていくと、同じ表現をしていても意味が違うことがあるのです。

例えば、「マーケティングが弱い」の場合、そもそも必要とされる市場情報や競合企業の情報等を入手しづらいという意味で発言していることもあれば、あるいは、ビッグデータという言葉に象徴されるように、情報がたくさんあり過ぎて分析できないという意味で発言していることもあります。

「営業力が弱い」の場合も、競合企業に対して営業の数が少ない、訪問件数は確保できているのにクロージングに至らない、経験年数の浅い営業の割合が多く顧客の要望に応えられていない等々、さまざまな意味がその言葉には含まれてしまいます。

ビジネスにおけるコミュニケーションでは、自分が何らかの意見を述べる際に、どんな事実に基づいてその意見が形成されたのかをイメージしなければなりません。

全く同じ事実を見たとしても、それをどう解釈するのかは人によって異なります。

つまり、**言葉にこだわるというのは、事実にこだわりながら、論点をどこに置くのかを明確にするということ**なのです。

言葉をあいまいに使わない

例① マーケティングが弱い あいまい

↓

具体化が必要

↓

- 市場の情報が足りない
- 競合企業の情報が足りない
- 情報はあるが分析不足

例② 営業力が弱い あいまい

↓

具体化が必要

↓

- 人数が少ない
- 訪問件数が少ない
- 訪問件数は多いが受注できていない

3-09

同時に5S活動を展開しよう

5Sは実行力を高める

▼5Sの効果を理解する

5Sとは、「整理・整頓・清掃・清潔・躾」の頭文字をとって表現されている言葉で、ビジネスにおいては一般的に使われています。

「当たり前のことだ」と思われる方も多いと思いますが、かなりの数の企業を見てきた経験を踏まえて言えるのは、「**5Sを徹底している企業は例外なく儲かっている**」という事実です。しかも、単に利益を上げているということではなく、同じ業界の中でも群を抜くレベルで儲かっていると言っても決して過言ではありません。

つまり、5Sという言葉自体は当たり前なのですが、それをどのように捉えて実行に落とし込んでいくかによって、大きく差が出るのがこの5S活動なのです。

5Sを〝徹底〟できている企業とは、オフィスや店舗、あるいは工場を訪問した際、「さすがに御社は素晴らしいですね」と、思わず賞賛の声を上げてしまうようなイメージで、そのレベルで実践できる企業は決して多くはないというのが実態なのです。

5Sとは

5S
整理
(Seiri)
要らないものを
捨てること
整頓
(Seiton)
常に定位置に
ものを置くこと
清掃
(Seisou)
きれいな状態を
定義し、実行
すること
清潔
(Seiketsu)
整理・整頓・清掃の
状態を維持
すること
躾
(Shitsuke)
決めたことを
実行できるように
習慣づける

5Sを徹底できる企業はPDCAも実行できる!

▼5Sの実行力をPDCAに

5Sを徹底することは、PDCAにおける実行力を高めることに必ずつながります。まず、社外の人が来た際に、思わず賞賛の声を上げてしまうレベルを全員で共有するために、ゴールイメージとなるあるべき姿をすり合わせなければなりません。

例えば、「常に、整理・整頓を心がけましょう」と言っても、個々人の認識はさまざまで、ややもすると「自分の目の届く範囲が散らかっていなければ問題ないでしょう」というレベルに止まってしまうかも知れません。しかし、それではいつまで経っても賞賛の声を得られることはないでしょう。

整理とは、要らないモノを捨てることであり、整頓とは必要なモノがあるべきところにあるということです。

何が必要で何が不要なのか、必要なモノをどこに置くべきなのか、といったことについて、実は個々人で決められることなど、ほとんどありません。これは清掃においても同様で、どのレベルまできれいにすべきなのかも、組織としての取り決めが必要になります。

つまり、**5Sを徹底できている企業は、5S活動を通じて必然的に組織のコミュニケーションがとれている**ことが推察されます。

また、日々の実行が継続されない限り、あるべき姿が維持されることはありませんので、当然実行力も高まるというわけです。

5SがPDCAの実行力を高める

ピカピカ
キラキラ
具体的な5Sのイメージを
社員全体で共有する
社員
5Sを通じて組織の
コミュニケーションがとれる

コラム

思ったよりも 実行は難しいもの

「PDCA のD（実行）は普段やっていることだから、これができていないってことはないですよね」

これが多くの方の認識です。

ここで、第２章のコラムで取り上げた「良好な人間関係を築く」ための実行を想像してみて下さい。

現在あまりうまくいっていない人との関係を改善するというテーマは、実行の難しさを想像するという視点において、大変わかりやすいと思います。

そもそもうまくいっていない関係ですから、単にコミュニケーションを増やそうとしても、なかなかうまくはいかないでしょうね。

こちらから積極的な行動をとったとしても、対象となる相手からは素っ気ない反応しか返ってこないことは十分にあり得ることです。

それでも心折れることなく、必要だと思った行動をとり続けることのできる人がどれくらいいるでしょうか。

経験上、多くの方が「自分だけのせいではない」と行動をやめてしまう傾向にあります。

だからこそ、実行の難しさをしっかり理解し、実行が滞ることのないような周囲のサポート環境を作っておくことが大切なのです。

第4章

CHECK

次につながる「評価」を行おう

4-01

「評価」の意味を理解しよう

評価できるのは結果ではなく行動

▼結果指標だけでは評価できない

ビジネスにおいて、売上や利益といった結果指標は当然重要なものです。

しかし、例えば「売上」という結果指標を評価しようとしても、「売上」に影響を及ぼす要素が多すぎて、なかなか正しい評価はできません。

「天気が良かったから売れた」「天気が悪かったから売れなかった」という話はありがちですが、このような評価から改善につながるとは到底思えません。

そもそも、売上や利益のような結果指標は、もちろん良い数字を出すために最大限の努力をすることが大前提ではありますが、だからといって自らコントロールできるものではありません。

「PDCAマネジメントのCAができていない」と感じている多くの方は、このように**コントロールできない結果指標を評価しようとしており、その結果、要因が絞り込めず、的確な改善の手が打てない**という状況に陥っているのです。

結果指標だけでは評価できない

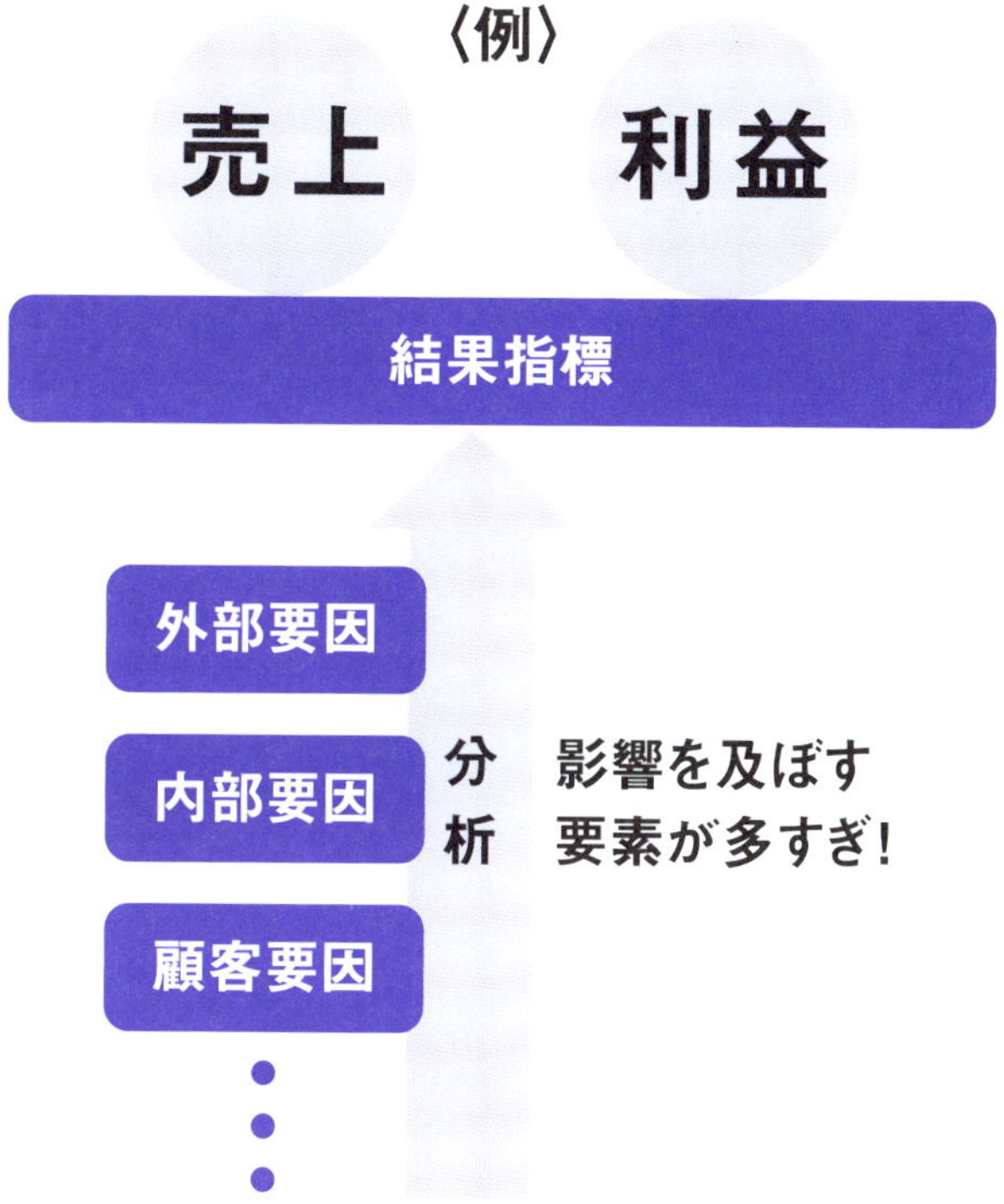

「結果」はコントロールできない。
コントロールできるのは「実行」したことだけ

コントロールできない「結果指標」を評価しようとすると、要因が絞り込めず、的確な改善の手が打てない

大切なのは振り返り

結果の良し悪しに関しては、「評価することはできても振り返ることができない」、是非このように考えてもらいたいと思います。

振り返ることができるのは、結果を出すために仕掛けた作戦をうまく実行することができたのかどうかという点です。

この実行を振り返る際に押さえておくべきポイントは、**行動の量が重要なのか、質が重要なのかを明確にする**ことです。

もちろん、量だけで質が伴わなければ成果は出ませんし、質が高くても一定以上の量が伴わなければ成果は出ません。しかしながら、その組織の状況によってどちらをより意識しなければならないのかは自ずと決まってくるはずです。

「なぜ、目指していた行動の量を確保できなかったのか」
「なぜ、目指していた行動の質を維持できなかったのか」

振り返りではこういった質問を投げ掛けることで、できなかった原因を分析します。

この原因分析は、新たな改善策を立案することを目的としているので、「なぜ」を複数回繰り返すことが必要です。

これ以上は出てこないところまで「なぜ」を繰り返すことで、改善効果のありそうな真の原因を明らかにすることが可能になるのです。

トヨタのなぜ5回

トヨタ自工の元副社長、大野耐一が紹介した5回の「なぜ」

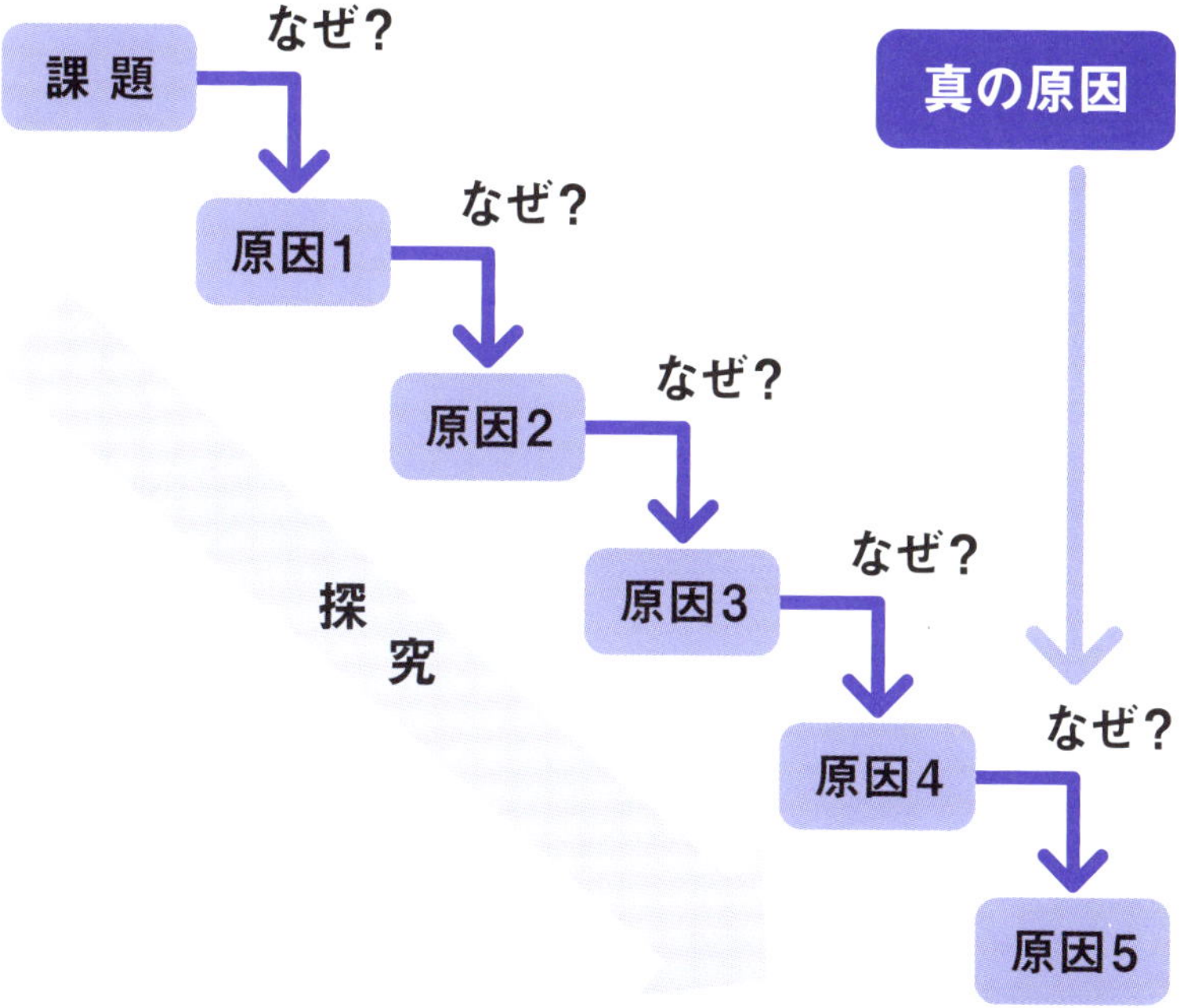

自問自答することで、ものごとの因果関係や裏にひそむ真の原因を突きとめる

※参考『トヨタ生産方式』（大野耐一・ダイヤモンド社）

4-02

成果に直結する先行指標を見出す

結果ＫＰＩより行動ＫＰＩを重視する

▼自らコントロール可能な行動ＫＰＩ

ＫＰＩ（Key Performance Indicators）というのは重要な業績評価指標を意味しています。重要だということで、結果系の指標をＫＰＩとしている企業も少なくありませんが、ことＰＤＣＡマネジメントにおけるＫＰＩとしては「行動ＫＰＩ」にこだわっていただきたいと思います。

例えば、小売業やサービス業においては、売上を客数×客単価と分解して考えることが一般的ですが、この場合の客数は、買ってくれた客数を意味しているので、指標としては「結果ＫＰＩ」でしかありません。客単価も同様です。

大切なのは客数を上げるための行動、あるいは**客単価を上げるための行動**であり、そのように考えていくと、自らがコントロールできる行動ＫＰＩが見えてきます。

買い上げ客数を上げるために**タッチ件数**を増やすことが必要であれば、タッチ件数をＫＰＩに設定して目標値を定める、これが行動ＫＰＩのイメージです。

結果KPIと行動KPI

KPI

Key Performance Indicators
(重要業績評価指標)

結果KPI

結果に焦点を当てた指標
例:売上=客数×客単価

行動KPI

結果に至る行動に焦点を当てた指数
例:売上=客数(を上げるための行動)
×客単価(を上げるための行動)

行動KPIは、「その行動ができない原因は何か」という問い掛けになるので、結果KPIよりも原因分析が容易

▼カギは「見える化」

行動ＫＰＩは、文字通り行動を指標化しなければなりませんが、実は行動を測定することは簡単ではありません。

しかしながら、選択した行動ＫＰＩが成果に直結する先行指標だとすれば、その指標を確認したいときにいつでも確認できる状態を作る必要があります。

いつでもスコアを確認できることが「見える化」できているということなのです。

少し考えてみて下さい。

重要視すべき行動が明らかになったとして、誰もその行動に対するスコアをつけていなければ、重要であることは誰にも伝わりません。

良くなっているのか、悪くなっているのかを、まず評価することが振り返りの起点となりますから、測定するのは難しいとあきらめる方向で考えるのではなく、**どうやって測定するのか知恵を振り絞る方向で考えてもらいたい**と思います。

成果に直結する行動ＫＰＩという性質から、より顧客との接点に近い行動が選択される傾向が強いため、測定には現場に負荷がかかりますし、導入当初の心理的抵抗は当然あるかも知れません。

しかし、スコアをつけるからこそ見えてくる改善ポイントが確実に出てきます。数多あるスポーツと同様、スコアマネジメントの楽しさに是非目を向けてもらいたいですね。

行動KPIは「見える化」で確認

営業の場合（行動KPI）

・タッチ件数
・訪問件数
・面談時間

↓

スコア化（見える化）

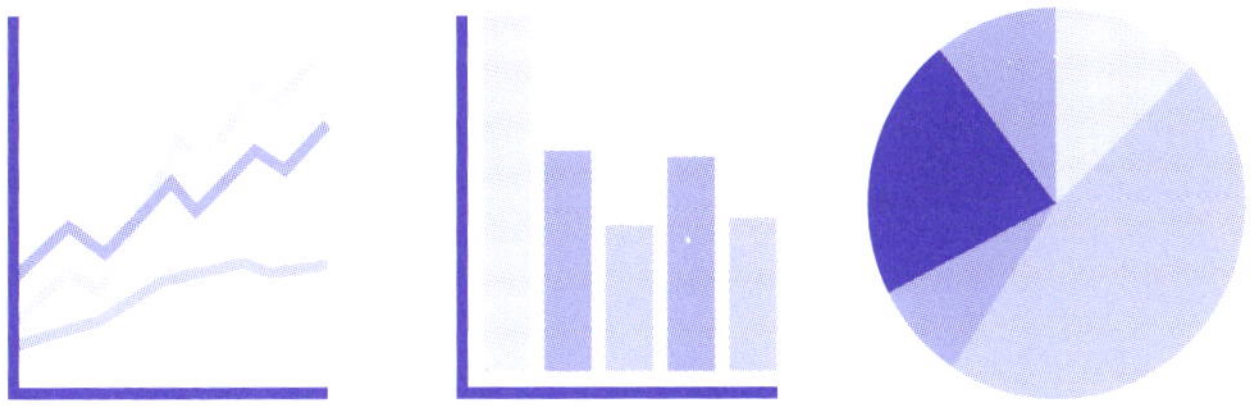

スコア化は現場に負荷がかかり、
心理的な抵抗があるが…

↓

スコアをつけるからこそ見えてくる
改善ポイントがある！

4-03

評価の最適なタイミング

課題を発見した瞬間に克服策を考える

▼月1回の会議では遅すぎる

多くの企業は結果KPIでPDCAを回そうとしがちなため、ある程度の期間（多くは1カ月）の結果が出たあとで、C（評価）を実施するという流れを作っています。

ですが、結果KPIでは、数値が悪くなった要因が多岐に渡るため、結局絞り込むこともできず、「次回の会議までにさらに詳細な分析をするように」などという指示が出て、なかなか前に進まないといった事象が散見されます。

何らかの問題が発生しているのであれば、その問題は恐らく日々の活動の中で継続的に発生していると考えるべきでしょう。

それにも関わらず、月1回の会議の場を活用して、問題を発見し、その解決に取り組もうといった流れで、望むべき効果は得られるでしょうか。

PDCAマネジメントは、より高速で回すイメージを持つ必要があります。

結果が出てからでは遅い

結果KPIの場合

**結果が出てから会議（月1ペース）で
C（評価）してては遅い！**

▼行動ＫＰＩはその都度把握するもの

行動ＫＰＩは、成果に直結する「行動」を指しているので、そのスコアは日々確認できるものですし、さらに言えば、その行動をとるたびに確認できるものです。

件数のように数を増やすべき指標、面談のようにその仕事に費やすべき時間が定められた指標、スピードのように仕事の速さを求められる指標、というように行動ＫＰＩに採用される行動の種類はいくつもありますが、いずれも**スコアをつける習慣さえついていれば、その都度確認できる**ものだと言えるでしょう。

これこそが、行動ＫＰＩがもたらしてくれるパワーです。

ゴルフのラウンドを終えた後、スコアを確認しながら「7番ホールと11番ホールでバンカーにつかまってたくさん打ってしまった」と振り返りながら、バンカーショットが課題だと認識しながらも、時間の経過と共にその記憶は薄れてしまい、次のラウンドでまた同じ失敗を犯してしまう、というのが人間の特性でもあります。

理想は、バンカーショットを失敗したその場で、何回か繰り返し練習するのが課題克服にはもっとも手っ取り早いわけですね。

ゴルフの場合、ルール上それはできないかも知れませんが、ビジネスにおいてそのようなルールはありません。是非、**課題を発見した瞬間に克服策を考えて実践する**ような意識を日々持つようにしましょう。

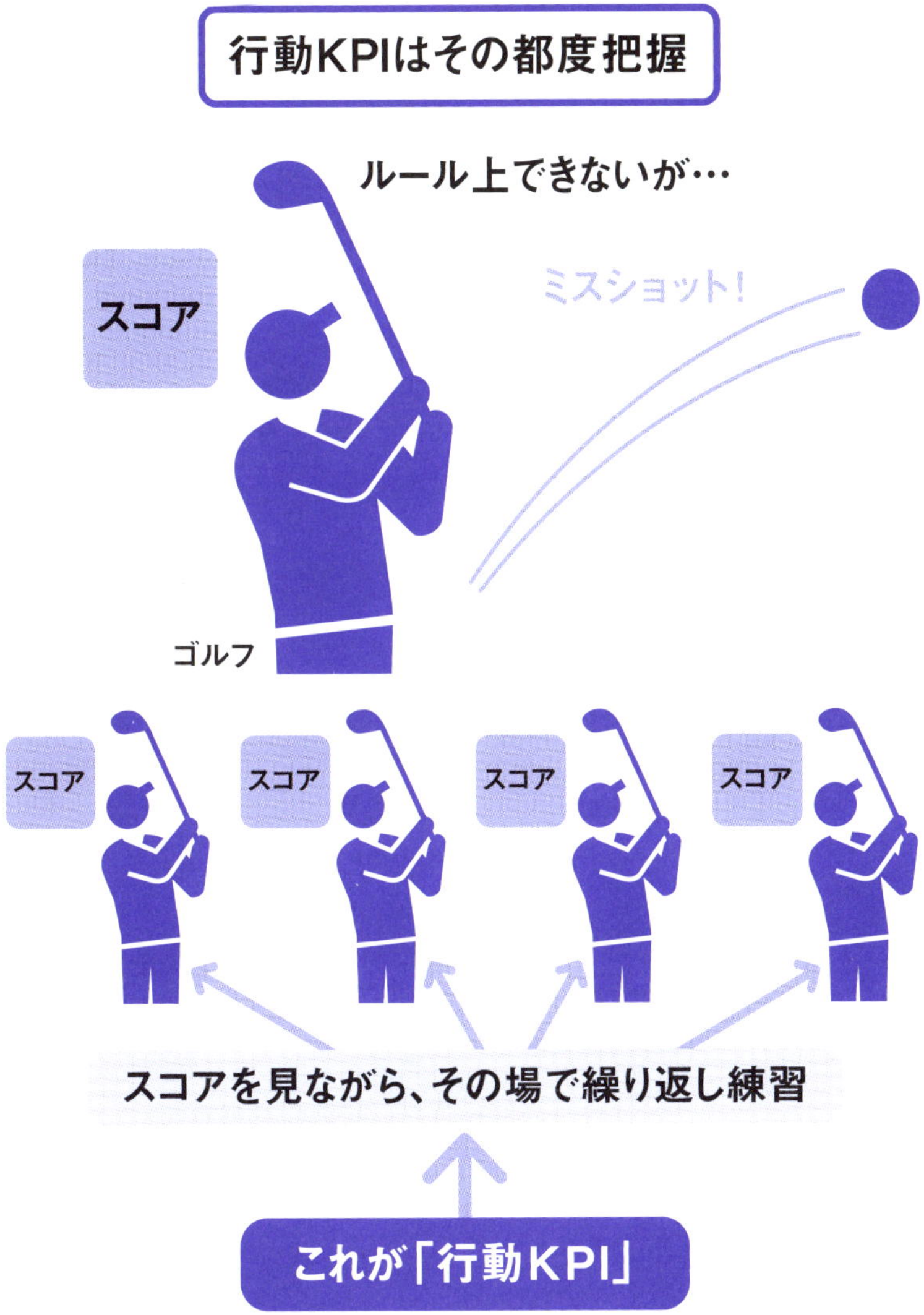
行動KPIはその都度把握
ルール上できないが…
スコア
ミスショット!
ゴルフ
スコア
スコア
スコア
スコア
スコアを見ながら、その場で繰り返し練習
これが「行動KPI」

4-04

行動KPIが上がらない理由を押さえよう

行動KPI以外の業務が足を引っ張る

▼個々人のスキル

複数のメンバーがいる組織では、当然、その業務に精通しているベテランもいれば、経験の浅い若手社員もいるわけで、もともと持っているスキルの差はあるでしょう。

しかしながら、行動ＫＰＩが思うように上がらないメンバーに対して、スキル不足だと片付けてしまうことは間違いなので気をつけて下さいね。

フランチャイズチェーン本部などの業務マニュアルでは、パートやアルバイトの従業員でもなるべく早く戦力化できるように、業務内容を細かく分解しています。

少し複雑な業務に見えても、作業単位に分解すればするほど、ひとつひとつの作業は誰にでもできるという考え方を実践しているわけです。

スキル不足などと捉えてしまうと「経験を積まないとできない」という認識に陥ってしまい、そこに打つべき対策が出てこなくなってしまいます。

スキルよりも、マネジメントの仕方に意識を向けるようにしましょう。

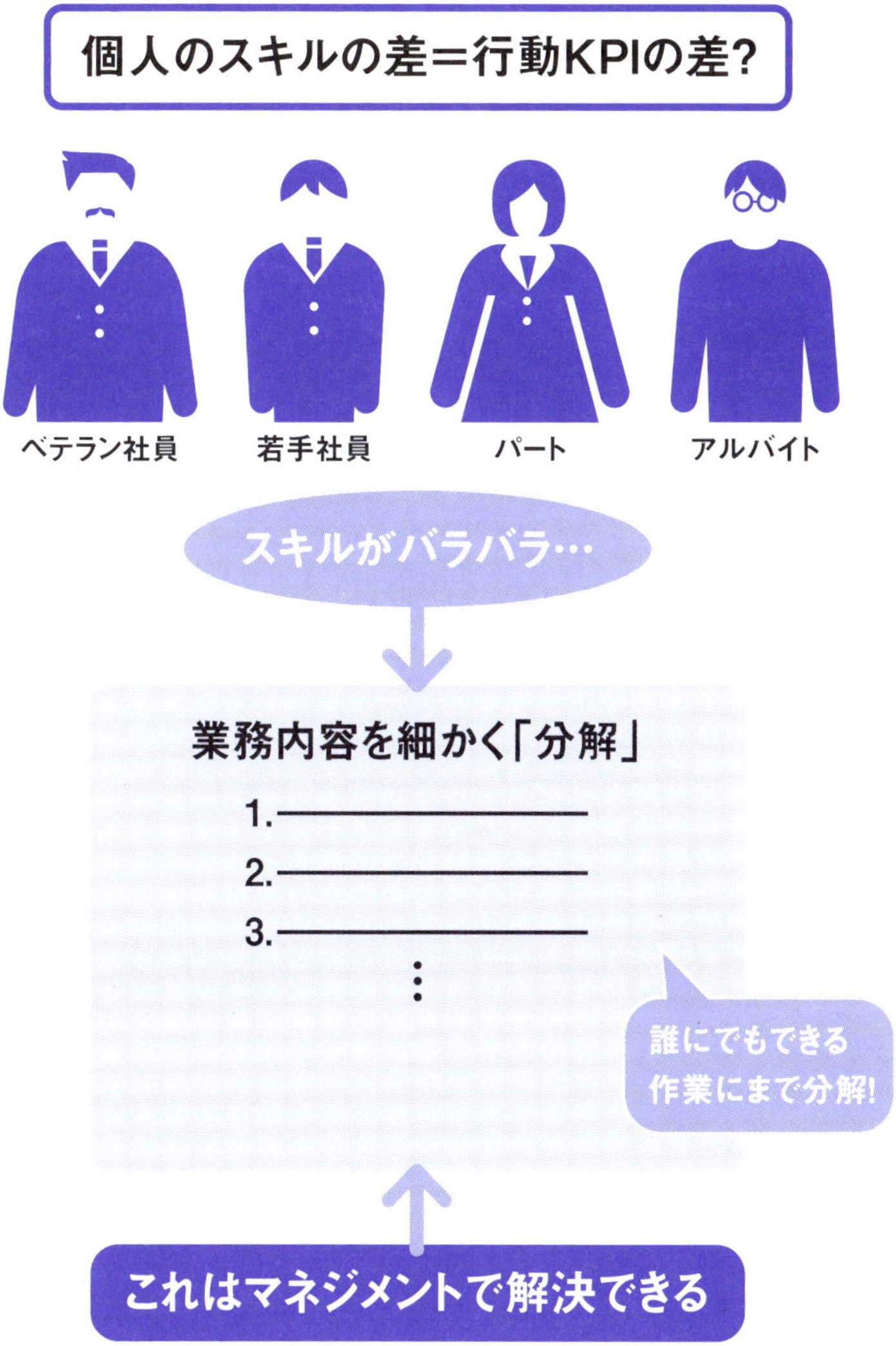
個人のスキルの差＝行動KPIの差?
ベテラン社員
若手社員
パート
アルバイト
スキルがバラバラ…
業務内容を細かく「分解」
1.
2.
3.
誰にでもできる
作業にまで分解!
これはマネジメントで解決できる

▼組織にはびこる問題

スキルよりも厄介なのが、組織にはびこる問題です。

その行動に注力することが成果に直結する、と考えて設定した行動ＫＰＩであるにも関わらず、その行動を阻害するような状況になってしまっている例は多々あります。

- 取引の見込みのあるターゲットを少しでも多く訪問することが成果につながるということで訪問件数を行動ＫＰＩに定めているのに、営業がオフィスでやらなければならない業務を必要以上に増やして、外出できる時間が限られてしまっている企業
- 店舗に来店されたお客さまに対しては、トレンドやショップのこだわる情報を提供することで買い上げ客数を増やそうと、タッチ件数１００％を行動ＫＰＩに掲げているのに、販売員がバックヤード作業等に忙殺されて、接客が疎かになってしまっている企業

このように、**行動ＫＰＩの数値に直接関わっているメンバーに対してかけてはならない負荷をかけてしまっていることに、そもそも気づかないところが組織特有の問題**だと言えるでしょう。

これは、役割分担された組織が、それぞれで一生懸命頑張ろうとする状態から生じてしまう問題です。

よって設定した行動ＫＰＩは、直接的な関係を持たない部署であっても「いかにその数値向上をサポートすべきか」という観点で、組織に浸透させる必要があるのです。

行動KPIの阻害要因

行動KPI ＝訪問件数○件なのに…

営業がオフィスでやらなければならない業務が多く、
外出時間が限られてしまっている

行動KPI ＝タッチ（接客）件数○件なのに…

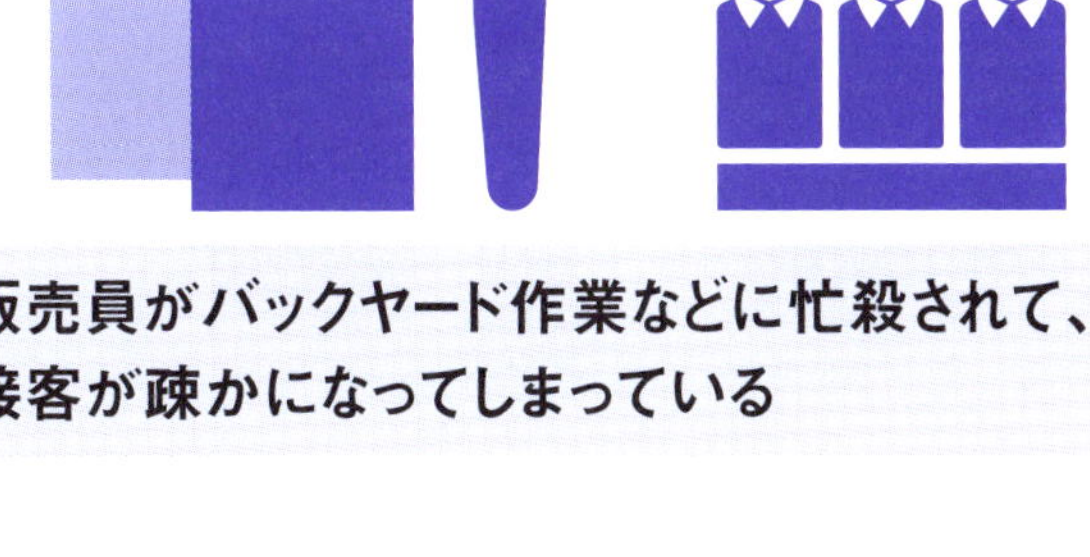

販売員がバックヤード作業などに忙殺されて、
接客が疎かになってしまっている

4-05

お客さまの立場で考えよう

顕在化している不満ではなく潜在的な期待

▼表面的な意見に振り回されない

「お客さまが何を求めているのか、お客さまの立場になって考えてみよう」

このお客さまの立場で考えるというフレーズは、企業活動のあらゆる場面で出てきているようですが、本当にできている企業は恐らく少ないのではないかと思っています。

いわゆるB2Bと言われる、法人をターゲットにした営業活動において、新規見込客の担当者から「現在取引のあるX社よりも安くしてくれるなら考えてもいいかな」などと言われてしまうと、「お客さまのニーズは安い価格でウチは高いから売れない」などと短絡的な意見が出てきたりします。

飲食店に依頼されるアンケートなどに答える際にも思うのですが、おいしい料理、新しいメニュー、安い価格等々、何を求めているかと問われれば、表面的にはどうしてもそういった答えになってしまうのが実態ではないでしょうか。

真のニーズはそういった表面的な意見ではないことを認識しなければなりません。

表面的な意見に振り回されない

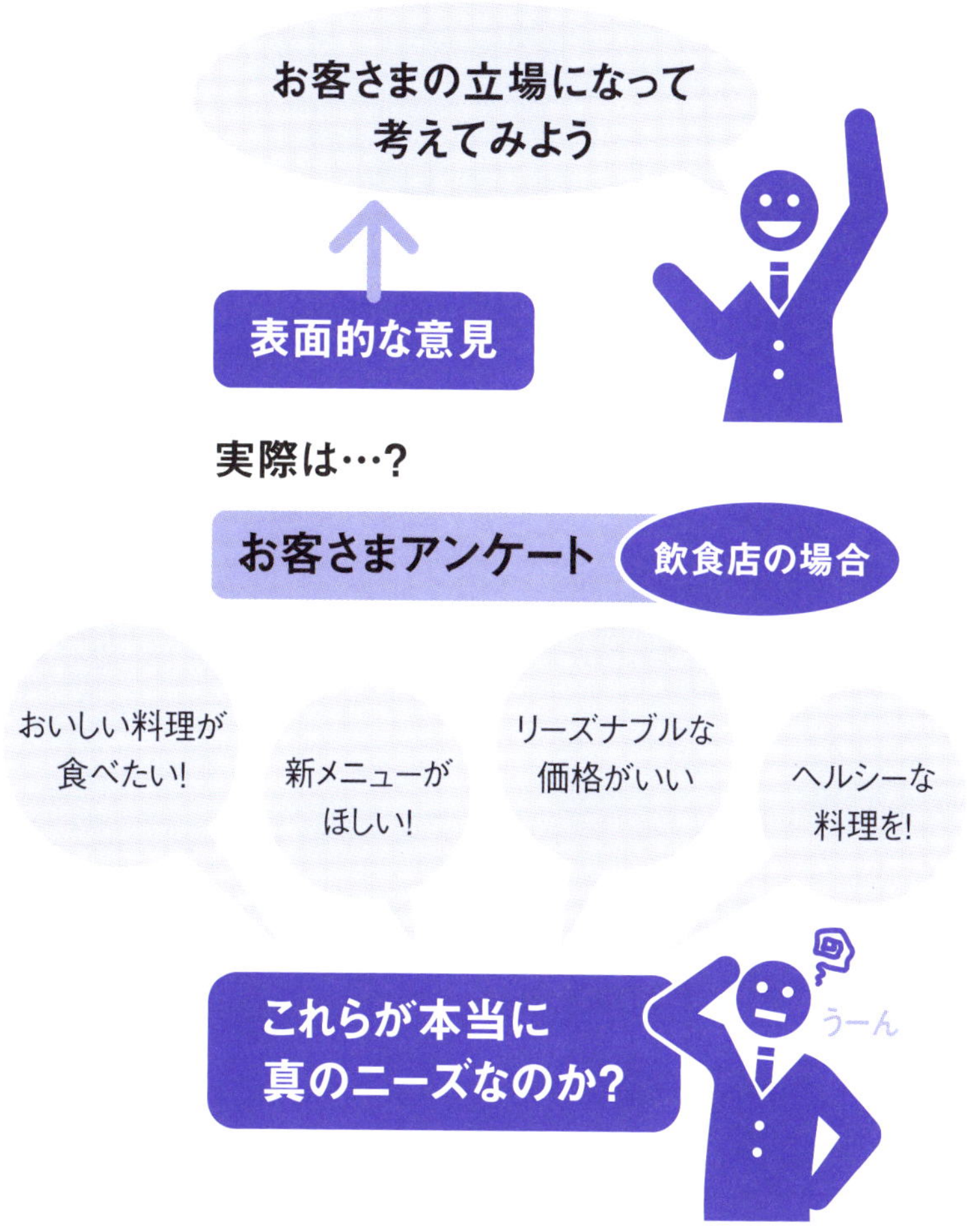
お客さまの立場になって
考えてみよう
表面的な意見
実際は…?
お客さまアンケート
飲食店の場合
おいしい料理が
食べたい!
新メニューが
ほしい!
リーズナブルな
価格がいい
ヘルシーな
料理を!
これらが本当に
真のニーズなのか?
うーん

▼その行動は本当に求められているのか

お客さまの不満を解消することが顧客満足だという理屈は、一見通りそうにも見えますが、実態には即していないと考えた方が良いでしょう。

当たり前ができていないときにクレームを発信するのであって、それができていても満足ではなく当然だということです。

そう考えると、満足とはお客さまの期待を超えることだと定義すべきだと思いますが、何に期待しているのかを明らかにしなければ、実践が難しくなってしまいます。

しかしながら、お客さまに直接尋ねようとしても、深くは考えてもらえないので表面的な答えしか得られませんし、実はその期待は潜在的なものでアンケートといった手段では出てこないのかも知れません。

「今日は手早くファストフードで済ませよう」と思ってお店に行くと、レジの前に十数名の行列ができていたら、次の瞬間「別のお店にしよう」と考えたりしますよね。

あまり深く考えることなく意思決定をしているので気づきづらいですが、やはり**ファストフードという業態に期待**しているのは何よりも手早く済ませられることであり、それこそが潜在的な真の期待だということです。

サービス提供側として認識しなければならないのは、顕在化している不満ではなく、潜在的な期待なのです。

顧客満足は潜在的な需要から

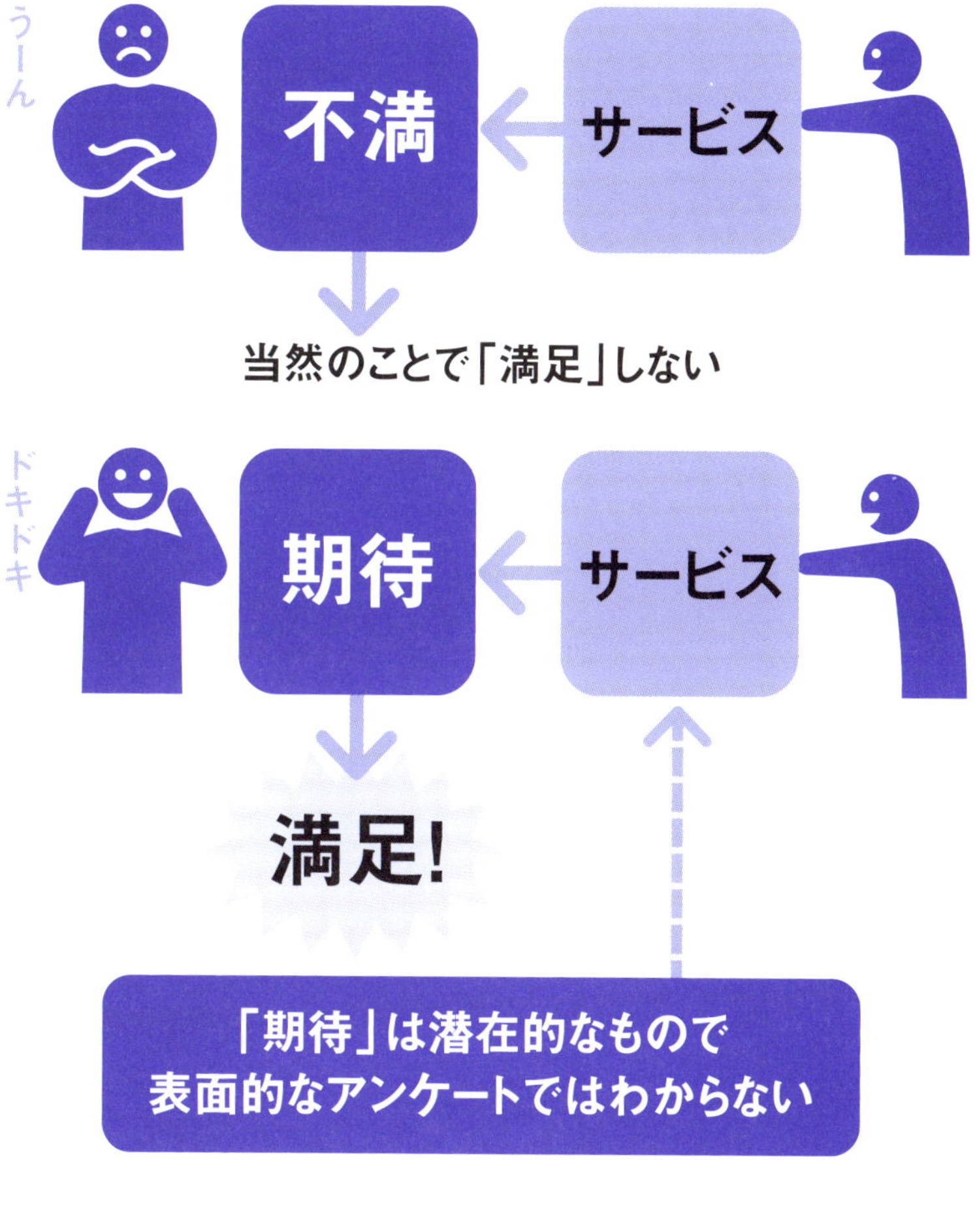

4-06

お客さま力を磨こう

客側として自らの行動を論理的に振り返る

▼自分がお客さまになる場こそチャンス

本当の意味で、お客さまの立場に立って考えることは決して簡単なことではありませんが、その力を磨くことは可能です。

私たちは一歩会社を離れてしまえば、商品やサービスを提供されるお客さまの側になりますね。その機会こそ、お客さまの立場で考える、すなわち**お客さま力を磨く場**です。

ショップ店員の接客があまりにも良かったから、つい思いがけず商品を買ってしまうこともあるでしょうし、あるいはその逆に、買う気満々でショップに入ったのにも関わらず、何も買わずに出てきてしまうこともあるでしょう。

そのような経験をしたら、是非その瞬間に「なぜ、買ってしまった（買わなかった）のだろう」と分析する習慣をつけてもらいたいと思います。

単に「接客が良かった」ではなく、そう感じるに至った**接客の構成要素を詳細に分解して考えることで、再現するポイントを整理することができる**はずです。

お客さまの立場になって考える

「お客さま力」を磨く!

私は
なぜこの商品を買ったのか?
・接客が良かったから?
・商品の並べ方?
・価格に惹かれた?
・ポイントを付けたかった?
⋮
¥5000
顧客としての自分

▼論理的な判断基準に落とし込む

いわゆる「いきつけのお店」を持っている方は多いですよね。飲食店、アパレルショップ、理髪店や美容院等々、何らかの理由でいきつけにしているお店です。

そういったお店が「なぜいきつけのお店になったのか」をじっくり考えてみて下さい。大抵の場合、自宅や職場近辺、よくでかける繁華街、といった自分の生活圏にある場所に立地しているはずです。それを前提にすると、サービス提供側にとってはやはり近くのお客さまが大事だということが改めてわかります。

次に、初めてそのお店に入ったきっかけは何だったのか。2回目3回目と立ち寄るようになった理由、最終的にいきつけにしている理由は何なのかを思い出して下さい。

逆の立場に立ったときに、お客さまに対してどんな取り組みをしていけば、自社のヘビーユーザーになってもらえるのかというヒントを抽出できると思います。

何事も決して偶然ではなく必然だったという認識の下、自らの行動を論理的に振り返ることで、サービス提供側の良い取り組み、悪い取り組みの判断基準が形成されるわけです。

お客さま力をさらに磨き上げるためには、例えばホスピタリティ溢れる高いサービスで世間的に有名なホテルや旅館を実際に体験してみることもお勧めです。

単にスタッフ教育という答えではなく、高いレベルを維持している仕組みにまで目を向けることで参考にすべき点を多々洗い出せるのではないでしょうか。

判断基準に落とし込む

いきつけの店

↓

生活圏に近い場所が多い

↓

サービス提供側にとって
近くのお客さまが大事

↓

初めてお店に入ったきっかけは?

↓

2度、3度と通ったきっかけは?

↓

いきつけになったきっかけは?

↓

判断基準を作る

4-07

現場を知らずして「評価」などできない

短時間の視察の限界を理解する

▼役職が上がるほど現場から離れる

目標とする行動ＫＰＩを達成できていないときに、「一体、現場で何が起きているのか」を正しく把握する必要があります。

そんなことは釈迦に説法だと思われるかも知れませんが、どんな企業でも、組織の中で役職が上がっていくにつれて、どうしても現場から遠くなっていく傾向があります。

よって現場から離れている上司は、達成できない理由に関して自ずとメンバーに直接確認することになるわけですが、現場のメンバーの声として上がってくるのは「時間がなかった」に代表されるような、表面的な事象が多くを占めることになります。

日々こなさなければならない日常業務にさらされているメンバーにとっては、それも事実であることに間違いはありません。だからこそ**役職者は「現場から遠い」ことを自ら認識した上で、その事象の背景に潜む真の要因を掴む時間を作る必要があるのです。

役職が上なほど現場がわからなくなる

かつての現場　とにかく飛び込み営業!

営業マンの情報が貴重／会ってくれる

数をこなせ!

↓

いまの現場

ネットに情報があふれている／会ってくれない

数をこなせ! → こなしたくてもこなせない

環境の変化に気づけている?

▼短時間の視察に意味はない

実際に現場を把握しようと考えた場合、店舗や営業所あるいはオフィスを視察するといった行動をイメージする方も少なくありません。

もちろん、現場に足を向けることによって、初めて気づくようなことも多々ありますので、全面的に否定するものではありません。

例えば、5Sの取り組み状況などは、現場を訪問した瞬間に感じ取れるポイントが重要だということもありますし、仕事をしている従業員の方々や表情から職場の雰囲気等も読み取れます。

そういったメリットがあるので、視察自体は大いに実施すべきだと思いますが、ここで申し上げたいのは、**行動KPIが上がらない要因を把握するという目的の場合、短時間の視察では難しい**ということです。

提供している商品やサービスの品質を、お客さまの視点で評価する覆面調査を活用している企業も多いですが、良くない結果を現場にフィードバックして改善を促しても全く進まないケースがあると聞きます。これが短時間の視察の限界を表しているのでしょう。

個々人が改善の意識を持って取り組んだとしても、なかなか成果につながらないという状況においては、現場で仕事をしている従業員では気づけないようなポイントに目を向けて、問題を洗い出す必要があるのです。

短時間の視察ではわからない

なにもわからない!

**わかるのは「結果KPI」だけ。
「行動KPI」の改善には
長期の観察が必要**

↓

**現場の従業員では気づけないポイントに目を向けて、
問題を洗い出す必要がある**

4-08

現場力を磨く

観察は重要業務を長時間確認

▼長時間の観察にこそ意味がある

ここで長時間の観察というのは、少なくとも1日の業務が開始する時間から終了する時間までを意味しています。

少なくとももというのは、私の経験上、例えば平日と土曜日か日曜日、あるいは閑散期と繁忙期といった区分をしながら、どちらの区分も観察する必要があると考えると、観察日数は当然増えることになるからです。

また、複数の拠点を持っている企業では、業績の良い拠点と悪い拠点を比較して問題を浮き彫りにしようと考える場合も多々あります。

そこまで求められると、いくら時間があっても足りないと思われるかも知れませんが、決して、いつもというイメージではありません。

業績が悪い、あるいは行動ＫＰＩが上がらないとき、そしてその要因が把握できないときに、しっかり時間をかけて取り組む必要があるということです。

長時間の観察とは?

〈店舗改善のための観察〉

少なくとも丸1日は観察

始業から終業まで

平日と土日祝日を比較

繁忙期と閑散期を比較

▼時間は限られている

観察する際には、重要業務と非重要業務をあらかじめ分けておくことが大切です。

事前に業務を分類することで、実施している業務内容全体が一覧表となって整理されますし、重要業務や非重要業務をどう分けるかという認識の共有化も図れます。

非重要業務などないという意見も出ますが、ここでは「お客さまにとって」と捉えていただくとより考えやすくなると思います。

行動KPIに設定している業務は、当然この重要業務に入っているはずですね。

見るべきポイントは、この行動KPIも含まれる重要業務に取り組む時間をしっかり確保できているかどうかに尽きると言っても過言ではありません。

非重要業務といっても「お客さまにとって」重要ではないという意味に過ぎないので、やらなければならない業務ではあるわけです。

行動KPIが上がらない組織で起きていることを簡単に整理すると、このやらなければならない非重要業務の方に時間をとられてしまう結果、本来時間をとるべき重要業務に時間を割けていないという実態です。

非重要業務が増えすぎている、現場の人員が不足している、仕事の役割分担に無理がある、仕事の流れが円滑ではない等々、**「現場で一体何が起きているのか」を把握することが、適正な改善策を打つスタート**になるのです。

時間は限られている

長期の観察
＝
長時間の観察
ではない！

観察するのは？
重要業務
非重要業務

重要業務とは？
「お客さま」にとって
重要な業務

・非重要業務が増えすぎている
・現場の人員が不足している
・仕事の役割分担に無理がある
・仕事の流れが円滑ではない…

↑

「現場で一体何が起きているのか」を把握することが、
適正な改善策を打つスタート

コラム

行動KPIを
いかに計るか

サッカーは、前後半合計で90分間戦って、得点の多いチームが勝利するというスポーツですね。

例えば、0対1というスコアで試合に敗れたときに、「惜しかった」では何の振り返りにもなりません。

必要なのは、どうして負けてしまったのか、その原因を分析することです。

よって、近年、より詳細なデータを把握しようということで、どちらのチームが長い時間ボールを保持していたかというポゼッション率、総シュート数とゴール枠を捉えたシュート数、パス本数とその成功率、選手が走った総距離等々が、明らかになるようになってきました。

これらのデータが揃ってくると、なぜ得点できなかったのか、なぜ得点を許してしまったのかといった、試合に敗れた原因をより深く追求することが可能になりますね。

このような先行指標のデータ化は、なかなか大変な作業でもありますが、一方で、このようなデータによって改善に導いていく原因分析作業は楽しいものです。

行動KPIを計るのが難しいとあきらめずに、楽しさを体感できる段階までしっかり推進しましょう。

第5章

ACTION

「改善」が次のプランを生む

5-01

「改善」に必要なもの①

組織としての共通認識はできている?

▼「評価」の視点の共通認識

C(改善)の段階で気をつけなければならないことは、そもそも何の為に行動KPIを定めたのかというスタートの視点から外れないようにすることです。

改善に必要なことは、行動KPIが上がらないことに対する真の原因を突きとめて、それを解決するための方策を打ち出すことです。

しかしながら、ビジネスでは当然結果が求められているがために、油断するとすぐその論点から外れて、売上や利益が上がらないことに対する原因を追究しなければならないという論点にすり替わってしまいます。

もちろん、売上や利益についての議論も必要な場面はありますが、もともとは論点が拡散し過ぎるから好ましくないという理由もあって、行動KPIを定めているわけです。

「決めたからと言って簡単に上がるわけではない」という前提を忘れず、だからこそ改善策を講じていく必要があるのだということを周知徹底しなければなりません。

組織の共通認識が「改善」に必要

Action（改善）

↓

行動KPIが上がらない原因を突きとめる

そのためには、
行動KPIが実行される必要がある

メンバー

論点がずれがち

行動KPIに集中するべきという
「認識」が必要

▼問題点に対する合意

組織的な改善の動きを阻む要因として真っ先に上げられるのが、**「実は問題点に合意していない」メンバーがいる**という状況です。

思い当たる節がある方も恐らくたくさんいるでしょう。

「上司が問題だと言っているけど、自分はそうは思わないな」

これが直属の上長ではなく、例えば社長が言っていたとしても、このように合意できないと発言したり、内心そう思っているメンバーがいるのは普通に起こることです。

この状態を放置して、改善など進むはずもありません。だからこそ、**問題点に対する合意には時間をかけなければなりませんし、議論ばかりしていても仕方が無いからと端折ってしまうことなど全くの論外**です。

「自分はそうは思わない」と考える方は、他にもっと重要な問題があると感じているわけですから、想定しうるあらゆる問題を議論の場に上げながら整理する時間をとらなければなりません。

今一度、再認識してもらいたいのは、**あらゆる問題は単独で突然発生しているのではなく、様々な因果関係の中で発生している**ということです。

その因果関係をツリーのように構造化してアウトプットすれば、何が根本的な問題なのかは一目瞭然になるので、是非活用してもらいたいと思います。

問題点の合意が必要

問題点
問題点
問題点
メンバー
合意しないメンバー、ズレているメンバーがいる

問題点
メンバー
様々な因果関係を整理する

5-02

「改善」に必要なもの②

必要なのは実現可能性の提示

▼解決の方向性への理解

問題点に対する合意の次に必要なことが、解決の方向性への理解になります。

全社的な解決の方向性は、基本的にその企業にとっての全体最適を図ろうとしているものになるわけですが、その方向性が必ずしも所属している部門や担当している業務のメリットに繋がらないこともあるわけです。

自分の見える範囲でデメリットが生じてしまうと思うと「、問題点はわかったけれども解決の方向性については理解できない」という状態になるのも致し方ないことです。

組織で役割分担しながら業務を推進する会社にいると、「部門のカベ」だとか「縦割りの弊害」という言葉をよく耳にすると思いますが、**部分最適を追求することが必ずしも全体最適に繋がるわけではないというのも組織の特徴**です。

よって、解決の方向性への理解を促進するためには、デメリットにより抵抗を感じるポイントを丹念に打ち消していくステップを踏まえていくことが大切です。

解決の方向性への理解を求める

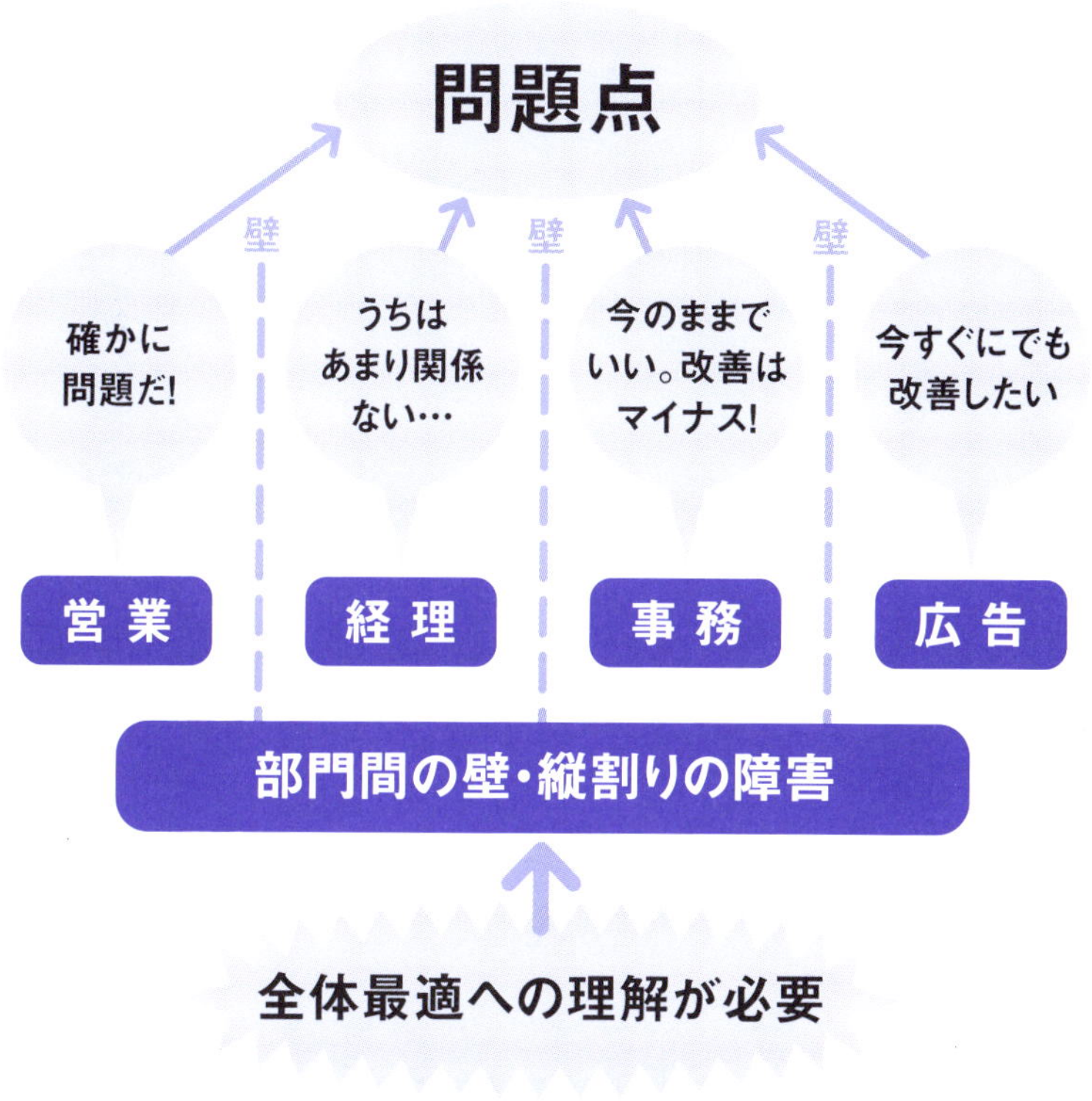

**部門間の障害を取り除くには、
部門ごとに抵抗を感じるポイントを
丹念に打ち消していくステップが大切**

▼解決策への納得

解決の方向性の理解まで進めてしまえば、あとは個々の解決策への納得です。解決の方向性をより具体化する際には、実際にアクションを起こすべき方策が複数出てきます。

改善が進んでいる状況にするためには、個々の解決策がしっかりと具現化されていかなければならないわけですが、どこかでつまずいてしまう恐れももちろんあります。組織で仕事をしていれば、「プロジェクトが途中で頓挫」したような経験を多かれ少なかれしているので、本当にそのやり方で解決策が進んでいくのかどうか、どうしても疑問を持ってしまうわけです。

人に納得を得るために、必要となる要件は実現可能性の提示です。

当然、解決策は順調に進めたいと考えてはいても、一方で、何らかの不測の事態が起きてしまう可能性も、不測とは言いながらも事前に想定可能なものがあるはずです。

解決策を滞らせてしまう可能性のある事象を障害と捉え、想定できる障害はすべて洗い出しておきます。その障害がどんな順番で起きそうなのかを整理して、その克服策を示すところまで提示できれば、実現可能性は飛躍的に高まりますね。

「もうあとはこのアクションプラン通りに粛々と進めるだけ」というアウトプットを意識すれば、納得は自ずと得られるのではないでしょうか。

実現可能性を飛躍的に高める

部門間の「納得」を得るには

↓

実現可能性の提示

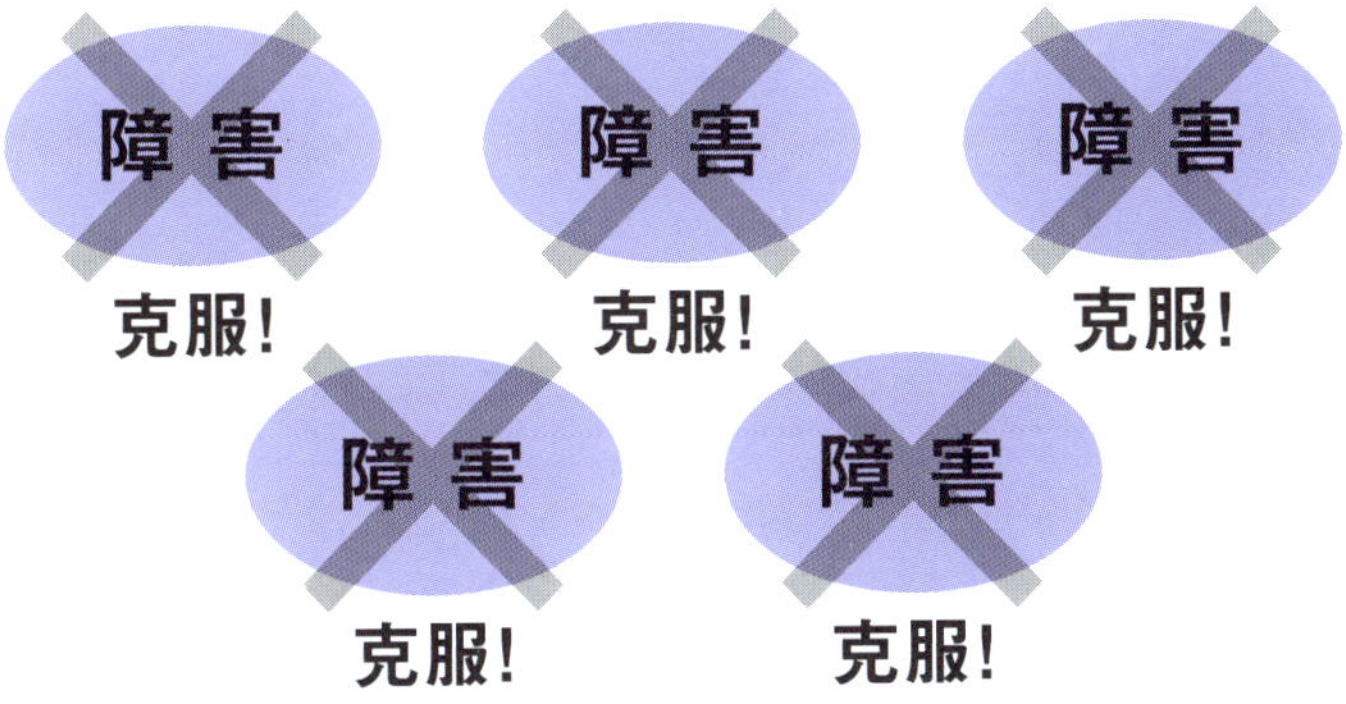
障害
克服!
障害
克服!
障害
克服!
障害
克服!
障害
克服!

**想定できる「障害」をすべて洗い出し、
その克服案を提示する**

納得は自ずと得られる!

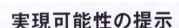

5-03

個々人のスキルを改善しよう①

視野を広げるための情報収集を意識する

▼「評価」の視点の共通認識

個々人が自らのスキルとして意識すべきポイントは、「手段の目的化」に陥らないことに尽きます。

業務日報や営業日報を義務化している企業は少なくありませんが、実際にそれを書く担当メンバーからは「全く意味が無い」という声も多く、**結果として「提出しているだけ」「提出状況を管理しているだけ」と、日報の形骸化が起こっています**。

スタート時には、「有用な情報や成功事例を共有し、業務に活かす」「メンバーの仕事状況を把握して上司がアドバイスする」といった目的があったはずですが、その目的が果たされることなく、日報を書くことが目的化してしまうわけですね。

改善につなげる評価の視点は、日報の制度そのものに対するものではなく、組織的な共有、活用、指導につながっていない原因を追究することであり、そう考えると書くべき内容や、インプット後の運用に目が向くのではないでしょうか。

手段の目的化に注意

業務日報／営業日報

目的

- 有用な情報や成功事例を共有し、業務に活かす
- メンバーの状況を把握して上司がアドバイスする

いつのまにか…

聞くだけの上司、報告するだけの部下

~~日報を書くことが目的化してしまう~~

↑

なぜ日報をつけているのか、目的を思い出せ!

▼問題点に対する合意

人はどうしても自分が見えている範疇で物事を考えます。これは特に悪いということではなく、どうしてもそうなってしまうことを認識しておくことが大切です。

自分が関わったことのない部門の業務に関して、わかることは限られています。同様に、自分が任されたことのない役職の方が、どんな役割や責任を担っているのかについても、わかることは限られています。

だからこそ、しっかりと耳を傾ける姿勢が大切です。

会社全体の業務を把握しているわけでもないのに、他部門のメンバーあるいは上司の意見に対して、「いやいや、それは違うでしょ」と受け入れることもない姿勢になってしまうと、そこから一歩も前に進むことはできません。

できれば、**普段から自分の担当している業務以外の仕事にも興味を持ち、どんなことに困っているのかなどについて聞く習慣をつける**と良いと思います。

自社の商品に対して顧客からのクレームを受けるような立場にいると、開発部門や生産部門に「ちゃんと作ってくれよ」などと思ってしまいますが、その開発や生産の担当者は外部業者に依頼している部品の品質に苦慮しているといったことが起きていたりします。

自分ひとりの情報など、全体からみると微々たるものなのだから、視野を広げるための情報収集を常に意識すべきなのです。

視野を広げた情報収集

地上
生産部門
経理部門
開発部門
問題点
外注先
営業部門
顧 客

自社の問題点を俯瞰（鳥瞰）して見ることを常に意識する!

5-04

個々人のスキルを改善しよう②

改善事例は必ず社内にいくつかある

▼解決の方向性への理解

「総論賛成、各論反対」改善が動かないときに度々起きている個々人の意識です。

各論反対を放置してしまうと、改善は進まなくなるか、あるいは例え進んだとしても想定していた効果が得られないという状況になってしまいます。

皆さんによくよく考えてもらいたいのは、「そういう人が出てくると困るな」ということではなく、自分が各論反対のスタンスに立ってしまう可能性は少なからずあるということです。

「自分の業務にとってはデメリットが大きいから反対せざるを得ない」という考えになってしまったときに、**もしも自分が経営トップだったらどう判断するのか**を想像してみて下さい。

「経営トップだったら」を考える場合、自社の財務状況はもちろんあらゆる業務に目配りができる状態でなければならないのは、言うまでもありませんね。

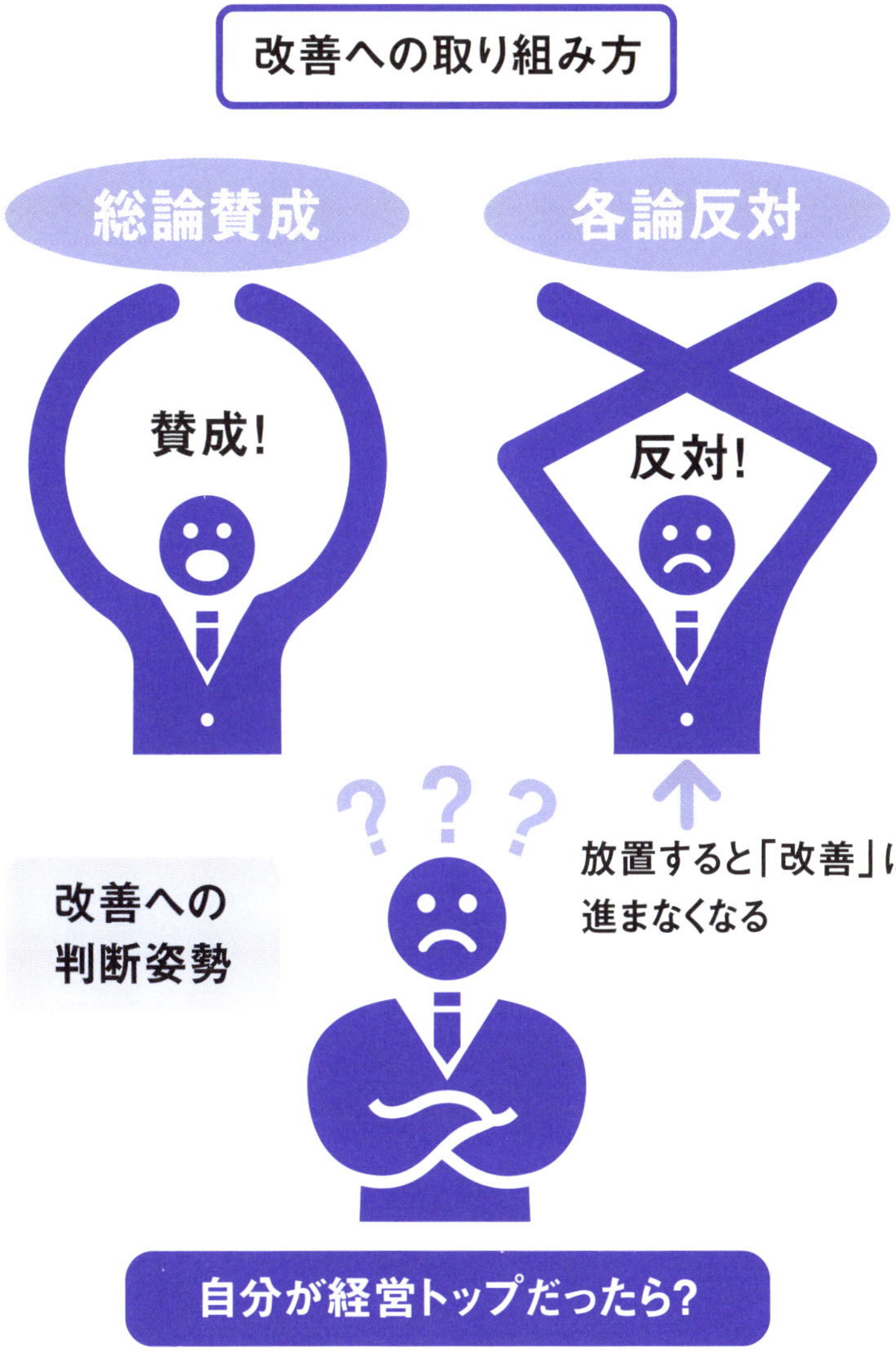
改善への取り組み方
総論賛成
各論反対
賛成!
反対!
放置すると「改善」は
進まなくなる
改善への
判断姿勢
自分が経営トップだったら?

▼ベストプラクティスの水平展開・例外的事例の詳細分析

改善事例として参考にすべきものは、必ず社内にいくつかあるはずです。

例えば、環境は同じく厳しいはずなのに業績の良い部門や拠点があれば、なぜそうなのかを自分のものにしなければなりません。

単純に「あそこの部長(拠点長)は優秀だから」で終わらせるのではなく、優秀という評価につながっている行動を洗い出さなければ、とても再現などできません。

優秀なマネジャーの行動を整理したもの(ベストプラクティス)があれば、他のマネジャーもその行動をトレースすれば、理屈上、少なくとも平均の底上げは可能ですね。

恐らく、そのようなベストプラクティスが存在する企業の方が少ないでしょうから、自らその情報を獲得するぐらいのアンテナは張り巡らせておきましょう。

また、それよりも気づきづらいものとして、「例外」的事例があります。

「例外」とは、通常うまくいっていないと多くの方が感じていることが、たまたま(例外的に)うまくいった状況です。

たまたまなので、偶然で片付けられて終わってしまいがちだと思います。

しかし、この「例外」を行動レベルで詳細に分析していくと、通常(うまくいっていないときに)実施していないことを発見できることもあり、それが大きな改善につながる可能性もあるのです。

改善例は社内で探す

会社の中で必ず誰かがうまくやっている!

5-05

組織に蔓延する問題を解決しよう①

他部門とのコミュニケーション

▼「評価」の視点の共通認識

PDCAマネジメントにおいて、改善の前に実施される評価というのは、実行した結果の良し悪しを判断し、悪いところの原因を分析するステップでしたね。よって、改善の段階でやるべきことは、その原因を解決する方策を立てて実行することに本来集中すべきでしょう。

とは言いつつも、繰り返し述べているように、組織一体となって物事を進めていくという本来あるべき状態を作ることが、そう簡単ではないことも事実です。

行動KPIを上げていくための改善策を議論しているはずなのに、「そんなことよりも、もっとこの点に人員とお金を投入すれば、売上への即効性は高いはずだ」などと、全く別の論点が、得てして「声の大きい」人から発信されて混乱を招くこともあります。

複数で議論する際には、「今、何について議論をしているのか」というポイントから外れることのないよう、常に意識しておく必要があります。

改善を阻害する組織の問題①

問題点を確認していると…

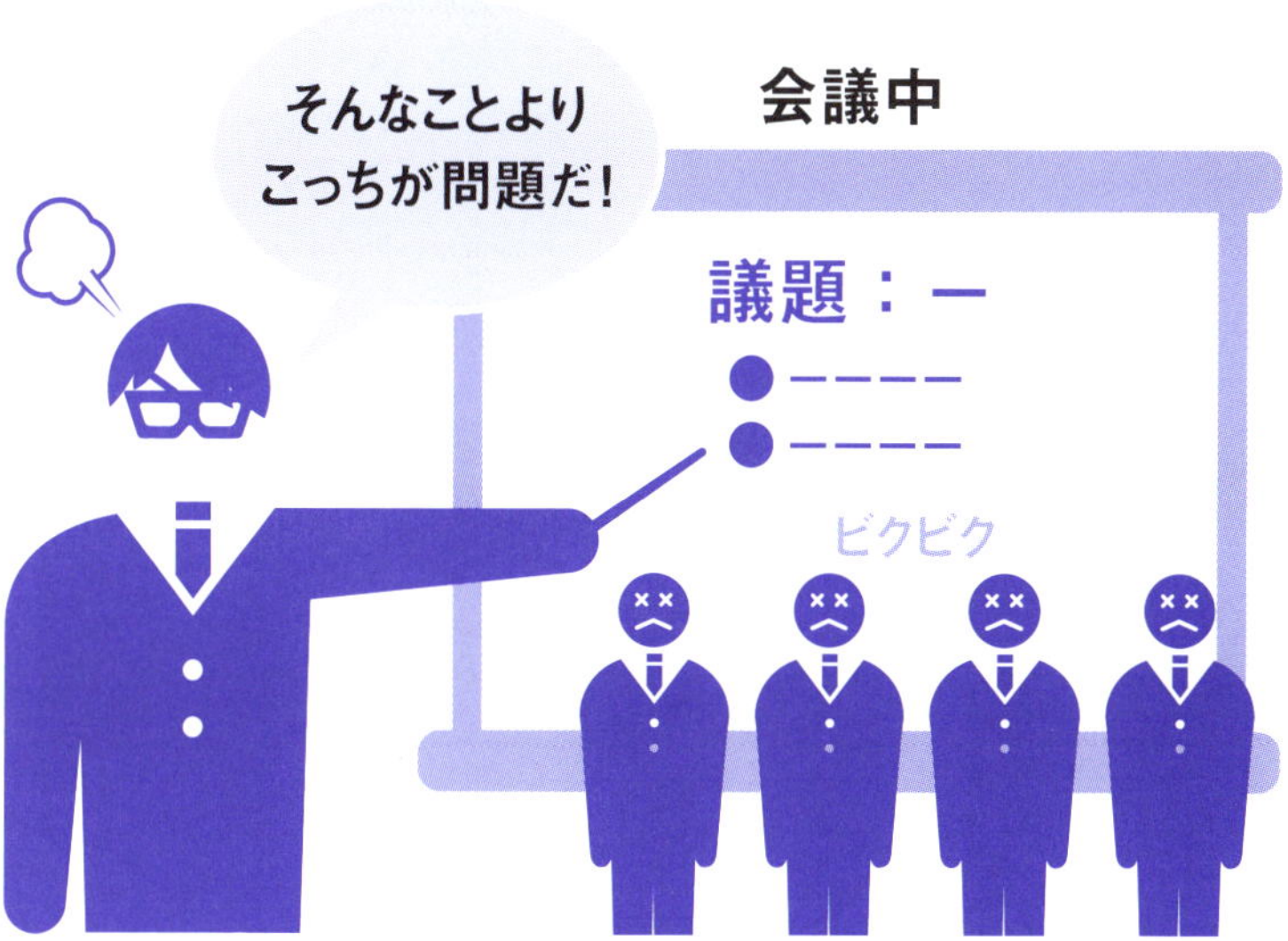

大声に押されることが!

「今、何について議論しているのか」
ポイントから外れないように意識する

▼問題点に対する合意

こちらの代表的な事例は、営業部からは「ウチは頑張っているのに業績が上がらないのは製品が悪いからだ」という声が上がる一方で、開発部から「競合に対しても遜色ないレベルの製品を出しているのに競合に押されているのは、営業がだらしないからだ」という、部門間の「ウチは頑張っている」対決です。

この状況が面倒なのは、気持ちとして「頑張っている」のは本心でしょうから、だとすると他部門に問題があると考えざるを得ないわけです。

だからこそ、お互いの顔が見えない場でやり合うのではなく、**膝を突き合わせて議論できる場を設定することが不可欠**なのです。

そして、問題を提示する際には、「頑張っている」「だらしない」「悪い」といった主観的意見で話をするのではなく、意見を形成するに至ったいくつかの事実の部分を議論の材料にして下さい。

部門間の対決姿勢がある組織で、冷静な議論の場を作れるようになると、根本的な問題のひとつとして**「他部門とのコミュニケーションの場が無い」**が、どんな企業からも共通に導き出される傾向にあります。

これは、社内の業務がしっかり役割分担できているが故に起こってしまうことで、自分の会社でも当然起きていることだと捉えるべきだと思います。

改善を阻害する組織の問題②

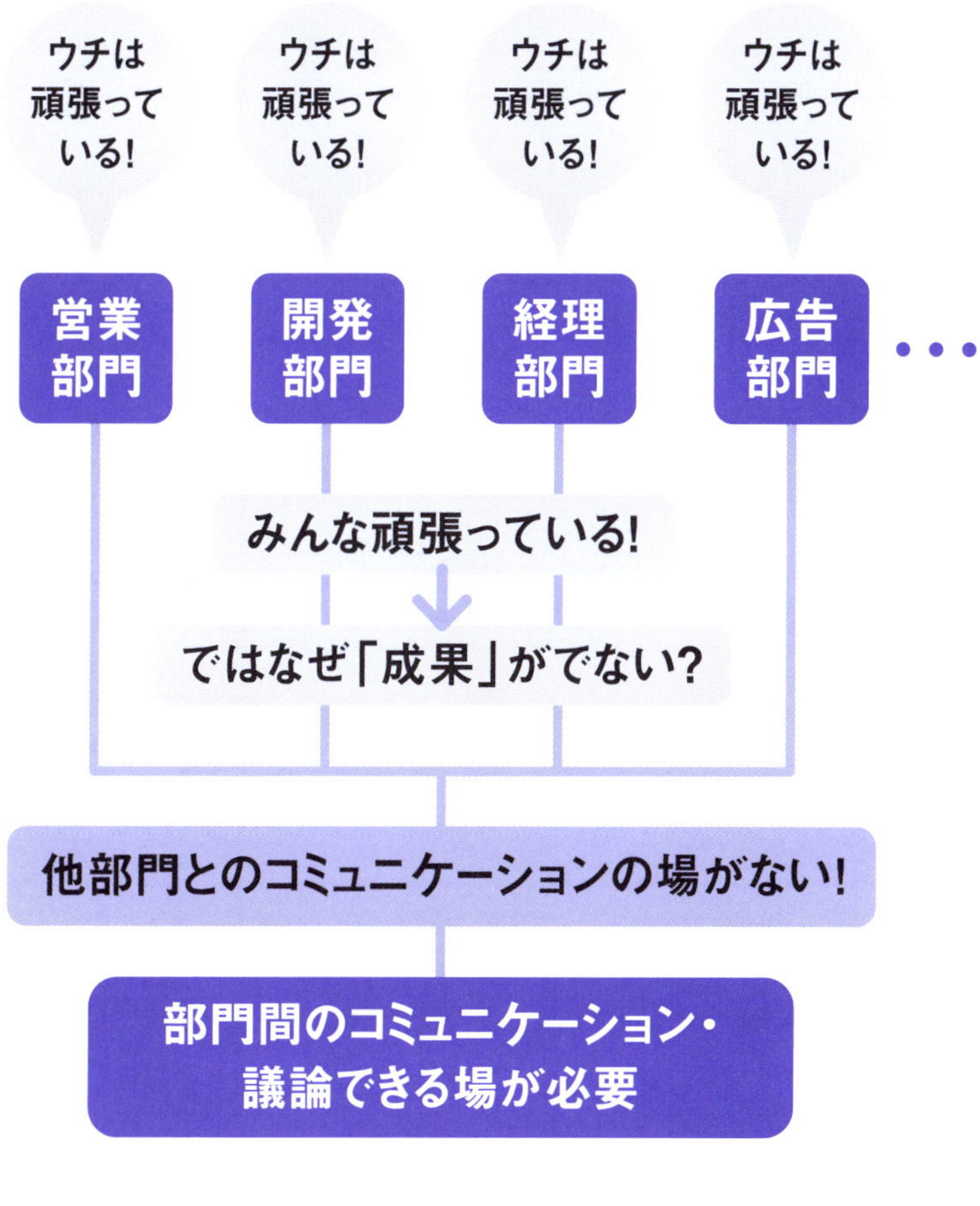
ウチは頑張っている!
ウチは頑張っている!
ウチは頑張っている!
ウチは頑張っている!
営業部門
開発部門
経理部門
広告部門
・・・
みんな頑張っている!
ではなぜ「成果」がでない?
他部門とのコミュニケーションの場がない!
部門間のコミュニケーション・議論できる場が必要

5-06

組織に蔓延する問題を解決しよう②

重要業務の強化と非重要業務の効率化

▼解決の方向性への理解

自分の所属する部門の役割、自分が担当している業務は、会社の売上・利益に貢献しているはずだと、誰もが考えるのは当然だと思います。

顧客と直接接している営業や販売部門であれば、「顧客の求める声に対応することで取引を増やそう」と考えますし、会社の財務状況を把握している管理部門であれば、「無駄なコストは抑えるべきだ」と考えます。

それぞれの考えていることは決して間違ってはいません。

しかし、最終的には、市場環境、顧客動向、競合動向、自社の財務状況等を総合的に考慮した上で、「攻めるとき」なのか「守るとき」なのか、あるいは「攻めと守りのバランスを変えるとき」なのかを決断しなければなりません。

部門の立ち位置からのあるべき論ではなく、**「今、どういうスタンスに立ち、その上でいかに役割を果たすのか」**というバランス感覚が求められるのです。

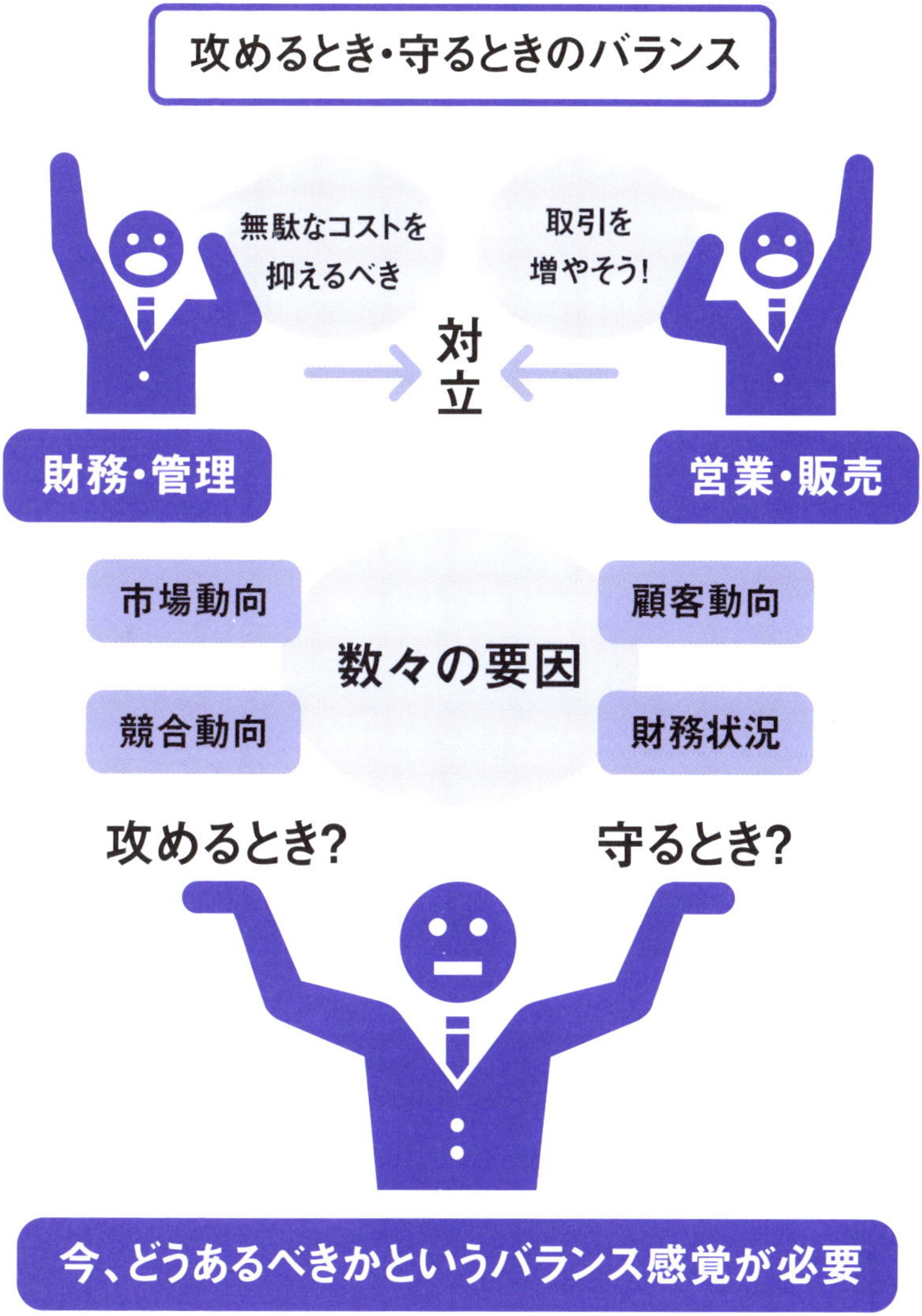
攻めるとき・守るときのバランス
無駄なコストを
抑えるべき
取引を
増やそう！
対立
財務・管理
営業・販売
市場動向
顧客動向
数々の要因
競合動向
財務状況
攻めるとき？
守るとき？
今、どうあるべきかというバランス感覚が必要

▼重要業務強化、非重要業務効率化

組織が役割を果たすために、バラバラに動くのは、日常業務を回すには効率的ですが、PDCAマネジメント上は問題があるという話を続けてきました。

重要業務に位置づけられる行動KPIを直接的に上げる部門は、自ずと限られてきますが、だからといって他の部門が傍観しているようでは、成果を上げるのが難しいからです。

これから**多くの日本企業が直面する問題として、人手不足が上げられている**のはご存知の通りです。

店舗や営業拠点を展開している企業であれば、それぞれが効果的かつ効率的に運営するための定員が定められていると思いますが、ともすると、その定員に満たない状態が慢性化することも考えられるわけです。

店舗、営業拠点のスタッフが、バックヤード業務や書類作成業務等に忙殺されて、「本来注力すべき顧客接点機能に注力できない」といった問題を当然想定しなければなりません。

そのように考えると、店舗、営業拠点の非重要業務をさらに効率化する、あるいは無くしてしまうために、本部機能を持つ本社がいかにサポートするかという視点が必要かも知れませんし、本部の業務を徹底的に効率化して人員を店舗や営業拠点に再配分するという方法論もあるでしょう。

常日頃より、重要業務の強化と非重要業務の効率化の視点で考える必要があるのです。

重要業務の強化と非重要業務の効率化

日本企業が直面する問題
人材不足!
どこも人が足りない!
これまで以上に重要業務の強化と
非重要業務の効率化が必要

5-07

組織的コミュニケーションを活用しよう

議論の場づくりを心掛ける

▼会議を議論の場と考えない

組織横断のコミュニケーションを効果的に行うためには、そのときそのときのコミュニケーションの目的を明確にした上で、場を設定する必要があります。

一般的に使われている「○○会議」は、大抵10名以上になるようなケースが多く、このような場で適切な議論ができているケースの方が珍しいと思います。

よって、人数が多くなる場合の会議は、「報告や情報提供の場」として考える方が合理的ではないでしょうか。

だとすると、**本質的にはメールや文書でも十分**だと言えます。

しかしながら、後になって「見ていない」「聞いていない」という言い訳が容易に想定されますので、「それはあなたが悪い」という風土づくりができていることが前提になりますね。

これが「我社には無駄な会議が多い」を撲滅する第一歩です。

会議は議論の場ではない

会議
大人数の会議は報告会・情報共有の場になりがち
メール
文書
報告・情報共有はメールや文書で十分
チェック忘れを許さない風土づくりが必要

▼議論の場づくり

必要な議論をしようと考えると、参加人数は原則として5、6名に抑えるべきです。どうしても人数が増えてしまうのであれば、5、6名を1グループにしたグループ討議を複数のグループで行うのがベターです。**グループごとにリーダー、書記、タイムキーパー、発表者等の役割を事前に決めて実施すれば、相応のアウトプットが出てきますので、それぞれのアウトプットをベースに最終の議論で決定事項を決める**という流れです。

このしっかりと討議する手法は、企業研修等の場では積極的に活用されているものの、一定の時間がかかるからなのか、通常の会議にはあまり使われていません。

しかし、一方で無駄な会議が多いことが放置されているのであれば、それこそ本末転倒だと思います。**議論が必要なテーマの場合は、5、6名の討議の場を意識的に設定、活用していきましょう**。

それでもなかなか出てこないのが、「本当はこうすれば良いと感じている」という本音ですが、それは個別の対話しかありません。意見を持っているメンバー、意見を持っているべき部門長、といった方々に対話を持ちかける、そしてその対話を嫌がらない風土が浸透していれば、日頃の対話、必要に応じた討議、全体に行き渡らせる会議が有機的に機能する素晴らしい組織になるはずです。

議論は5、6名を1グループで

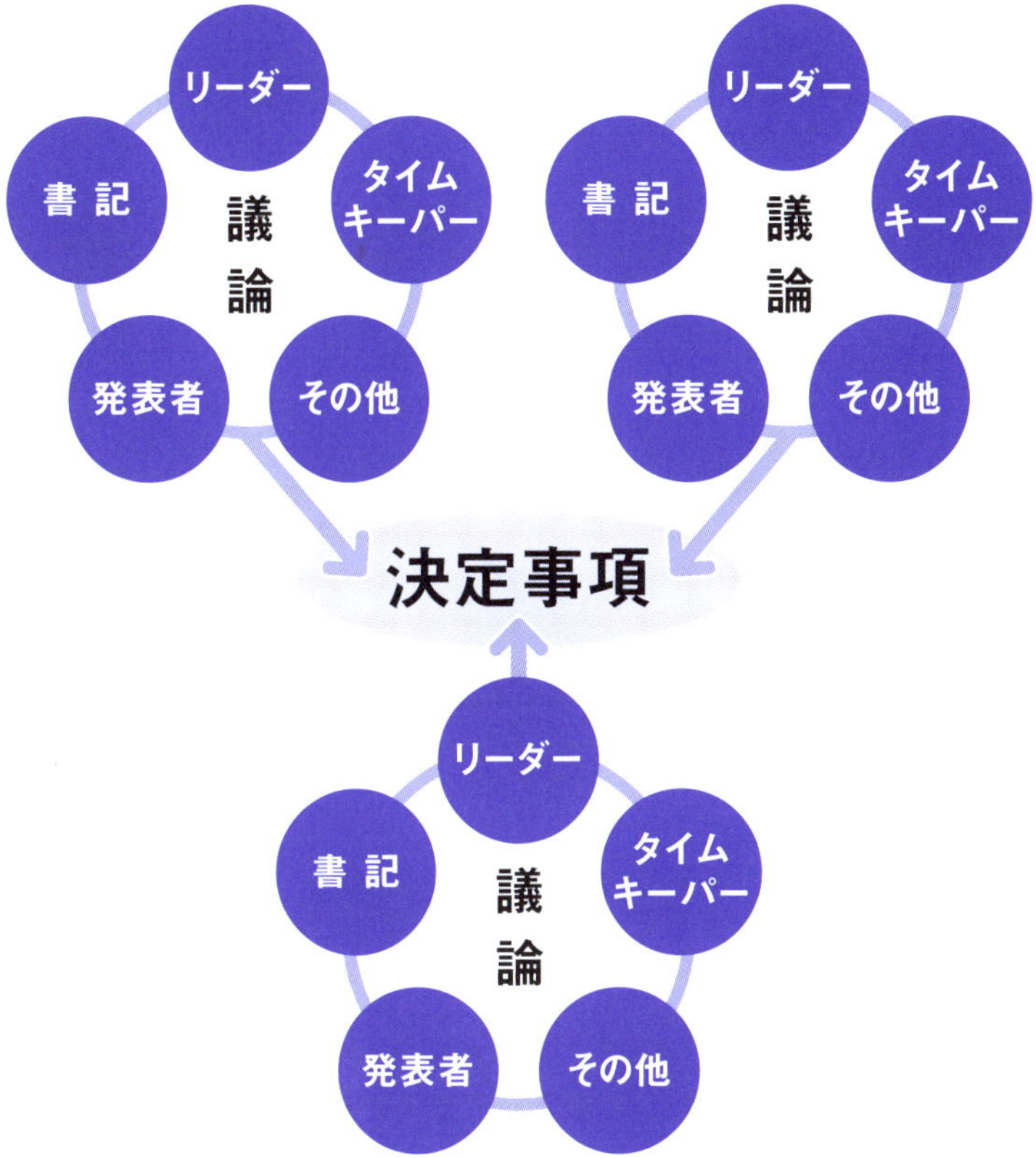

**議論が必要なテーマの場合は、
5、6名の討議の場を意識的に設定し、活用する**

5-08

対立の存在に対して理解しよう

対立構造の認識が改善をうながす

▼「対立」とは

ここで「対立」と定義しているのは、目的を果たすためにやるべきだと考えている行動には、相反する（同時にはできない）行動があるということです。

よく見られる事例として、在庫の話があります。

メーカー、卸、小売のあらゆる業態で、在庫の概念は存在します。「今この商品が欲しい」という顧客の要望を満たすためには、欠品を起こすと機会損失になるため、「しっかり在庫を持つ」行動は大切だと思いますが、一方で在庫が売れずに余ってしまうとそれはロスになるので「極力在庫を持たない」行動も大切です。

企業として利益を上げるという目的と照らし合わせると、決してどちらも間違ってはいませんが、同時にはできない行動だということです。

このように、ビジネスには「対立」構造がつきものですが、これに部門の利益が絡んでくるから、さらに話の整理がつかない状況に陥ってしまうわけですね。

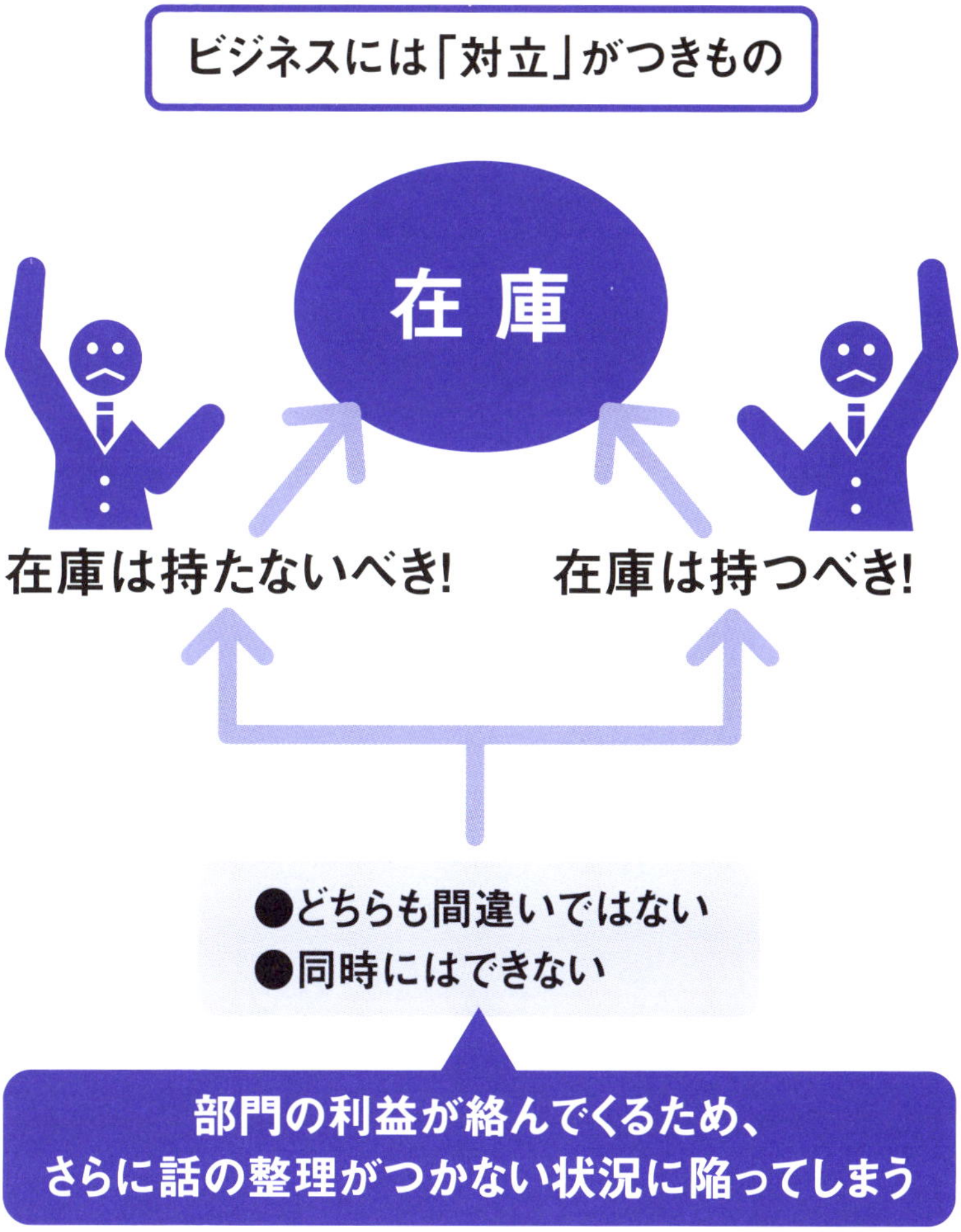
ビジネスには「対立」がつきもの
在庫
在庫は持たないべき!
在庫は持つべき!
●どちらも間違いではない
●同時にはできない
部門の利益が絡んでくるため、
さらに話の整理がつかない状況に陥ってしまう

▼よくある「対立」事例

この「対立」構造は、在庫以外にも多々あります。

営業マネジャーは、率先垂範の営業成績を出すために、営業との兼任で任せるべきだという考え方もありますが、一方、営業マネジャーは、部下を育成しながら営業拠点の売上最大化を図るために、マネジャー職専任で任せるべきだという考え方もあります。

既存事業だけにとどまっていては将来が心配だから、新規事業を立ち上げるために、経営資源（人、物、金）を新規事業の方に配分すべきだという考え方もありますが、一方、既存事業が苦戦している現状で今よりも少ない経営資源ではとても戦っていけないから、現状の資源配分を維持すべきだという考え方もあります。

所属部門の利益や担当業務の役割といったシガラミだけではなく、ビジネスに対する考え方のようなところでも「対立」構造があることがわかりますね。

このような**「対立」構造の存在を組織に周知するだけでも、議論する際に「他からの意見にもしっかり耳を傾けよう」という姿勢が改善**されます。

そして「対立」構造そのものが看過できない問題である場合には、どちらの行動をとるべきか方針を定めなければなりません。それによって、「こうあるべき」という考え方と、「今、我社の選択する道はこれだ」という決定は、場合によっては異なることも致し方ないという、経営者よりの視点も磨かれることだと思います。

改善のために対立する行動をどうする?

●営業マネジャー

営業成績を出すために、営業との兼任で任せるべき

対立!

部下を育成しながら売上最大化を図るために専任すべき

●新規事業の立ち上げ

経営資源（人、物、金）を配分すべき

対立!

現状の資源配分を維持すべき

所属部門の利益・担当業務の役割だけではなく、ビジネスに対する考え方でも「対立」構造がある

どちらが良い悪いではなく、
「今、最適な選択」
を選ぶ!

5-09

PDCAはゴールの繰り返し

企業には継続的な改善が必要

▼ゴールという認識がサイクルを止める

PDCAマネジメントにおいて、もっとも重要なこととして、ゴール（目標）を鮮明に描くことがありましたが、スタート地点で考えるそのゴールは一朝一夕には到達できないものだと思います。

しかしながら、まだ道半ばという途中の段階でも、さまざまな問題が解決に向かったり、売上や利益面での改善が見られたり、一種の達成感を味わえるような場面も少なからずあるでしょう。

そういうタイミングで、「やった」と思ってもらうのは構いませんが、それがゴールだと勘違いしてしまうと、サイクル自体が止まってしまう可能性があります。

組織というのは、やはり長年の慣れてきたやり方に一瞬で揺り戻されるリスクを抱えており、うまく変化できないときはもちろん、うまく変化している最中であっても、そのリスクは常に近くにあることを意識すべきなのです。

成果＝ゴール?
ゴール
喜ぶのはいいが…
まだ試合中!
本当のゴールは
試合終了時に
「勝っている」こと

▼問題は常に移り変わる

ビジネスにおいて「問題が無い」という状況はありません。

仮に「ウチの会社は問題などありません」と発言する方がいたとしたら、「その認識自体が問題だ」と言っても良いくらい、問題は必ずあるのです。

例えば、時代の流れや環境の変化に合わなくなったことを理由に、給与制度や評価制度を見直す企業は多いですが、では「これこそがベスト」という制度が存在するかというとそれはありません。

制度改定の後もやはり様々な問題は発生しますし、そういった問題に対処していくうちに時間が経過して、また次の制度改定のタイミングが訪れるという流れです。

PDCAマネジメントも、同じように変化し続けるマネジメントです。「自らの力で変化し続ける」変化力を鍛え続けることで、市場の変化、事業のライフサイクルの変化、新たな競合企業の出現、顧客ニーズの変化等々、常に起きているはずなのだけれども、いつ顕在化するのか誰も予測できない変化に対して、タイムリーに適合することが可能になるわけです。

ある問題を解決したら、たとえそれが根本的な問題であったとしても、次なる根本問題がどこかで発生します。だからこそ、**継続的な改善活動がすでに日常になっているような企業は強い**わけです。

PDCAは改善の繰り返し

改善=日常

コラム

継続的改善活動の習慣化

皆さんには趣味がありますか？

趣味の中でも、ゴルフや将棋、あるいは楽器演奏や絵画といった、いわゆるプロフェッショナルが存在する分野に入る趣味というのは面白いもので、「完璧にできるわけじゃない」、「まだうまくないけれどももっとうまくなりたい」といった、どちらかというとなかなか満足できるレベルに到達しないものが数多くありますね。

それを考えると、人は、そもそもできないことをできるようになるために努力することを厭わない生き物だなと思うわけです。

趣味になってしまえば、そのために貴重な時間を割いて、よりうまくなる、つまり改善活動を何の苦もなく継続できるのです。

PDCA マネジメントも、他人にやらされているようなイメージで取り組むのではなく、もっとうまくできるようになるために考える時間、実際にトライしてみる時間を楽しんでもらいたいと思います。

昨日よりも今日、そして今日よりも明日、常に改善にチャレンジしているような組織こそが、極めて強い組織になれるのではないでしょうか。

第6章

事例で学ぶ PDCA成功のポイント

6-01

約束を徹底！ サウスウエスト航空

実行策を徹底的に現場に落とし込む

「お客さまに対する約束」

今でこそLCC（ローコストキャリア）という言葉は一般的になりましたが、サウスウエスト航空は米国において安価な運賃を特長に勝ち残っている航空会社です。サウスウエスト航空の成功要因はさまざまな書籍に取り上げられているので、その詳細はそちらを読んでいただければと思いますが、ポイントを整理するとPDCAマネジメントにおいても参考にすべきことが多々あります。

最も注目すべきなのは「お客さまに対する約束」が鮮明なことです。

「運賃が安い」、「時間を守る」、「楽しませる」

このように並べてみると、航空会社なら当たり前、LCCだったら当然といった印象を受けるかも知れませんね。

しかしながら、これをお題目として掲げているわけではなく、**約束を守るための実行策が徹底的に現場に落とし込まれ、結果、高収益と安全を両立させている**のです。

サウスウエスト航空の場合

LCC（ローコストキャリア）の代表！

PDCAマネジメントにおいて参考にできるのは

「お客さまに対する約束」

- 運賃が安い
- 時間を守る
- 楽しませる

LCCだったら当たり前のこと？

特に「時間を守る」ための行動ＫＰＩは特筆すべきものがあります。まず、空港に到着してから出発するまでのターン時間を10分に設定すれば遅れないということで、清掃等の作業を職種（パイロット等）に関係なく全員で実施します。これは他の航空会社の半分あるいは3分の1の時間になります。

他にも、客席は自由席になっており、良い席を確保するためにいち早く搭乗するというお客さま側のスピードアップにつながっているような策もあるのです。

「楽しませる」も、一般の航空会社のような「楽しい空のたびをお過ごし下さい」という類のものではなく、客室乗務員が実際にお客さまを笑顔に変えるようなパフォーマンスを実施するといった具体的な行動に落とされています。

そのために、客室乗務員の採用試験では、芸能人のオーディションのような形式で行われるくらい「楽しませる」準備がなされているのです。

「運賃が安い」は、そもそもの企業戦略的な話になりますが、使用料の高いハブ空港を使わずに地方都市と地方都市を結ぶ路線に特化した戦略が有名ですね。

この戦略を中心に、だから（空港が混雑しない）こそ遅れないからビジネスパーソンに重宝される、仕事で疲れているビジネスパーソンを楽しませる、といった**特長を実行レベルで実現し、多くのお客さまの支持を獲得している**のです。

約束を徹底して実行する

「時間を守る」ための行動KPI

到着から出発まで10分を厳守

清掃は
パイロットも含む
全員で行う

客席は自由席で
先着順

「楽しませる」ための行動KPI

具体的で多種多様な
パフォーマンス

「運賃が安い」ための行動KPI

使用料の高い
ハブ空港ではなく
地方都市同士を
結ぶ路線に特化

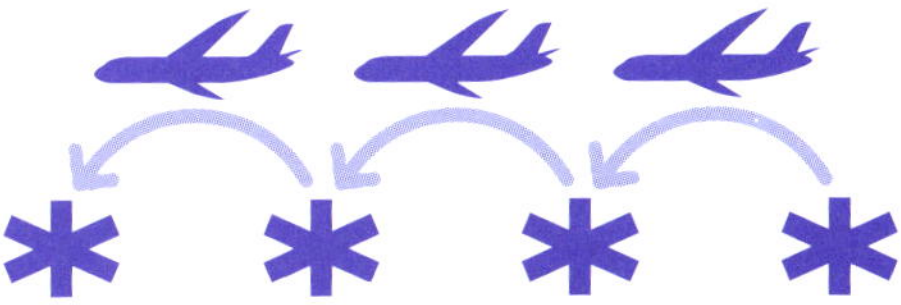

空港が混雑しない

6-02

欠品改善で業績回復！ユニクロ

欠品による機会損失を防ぐ

▼SPA＋PDCA

ユニクロは、アパレル業界におけるSPA業態の先駆者として、そのブランド名を知らない人がほとんどいないのではと思われるほど、一般化してきました。

その成功要因として、**製造から小売りまでを一貫して手掛けることにより、小売りの現場で掴んだ消費者ニーズをいち早く製造にフィードバックできるというSPAの利点を最大限活かしている**ことがもちろん上げられると思います。

それよりも私が注目しているのは、「ファッション」というどうしてもトレンドに左右されてしまう（売れる商品はすぐに売り切れてしまい追加発注もほとんど不可能だが、売れない商品は最後まで売れずに余ってしまう）ビジネスを、カジュアルベーシックにセグメンテーションしているとは言え、**普通の産業と同様にPDCAマネジメントできるビジネスとして回している**ところにあります。

そのユニクロにも、少し前ですが面白いトピックがあります。

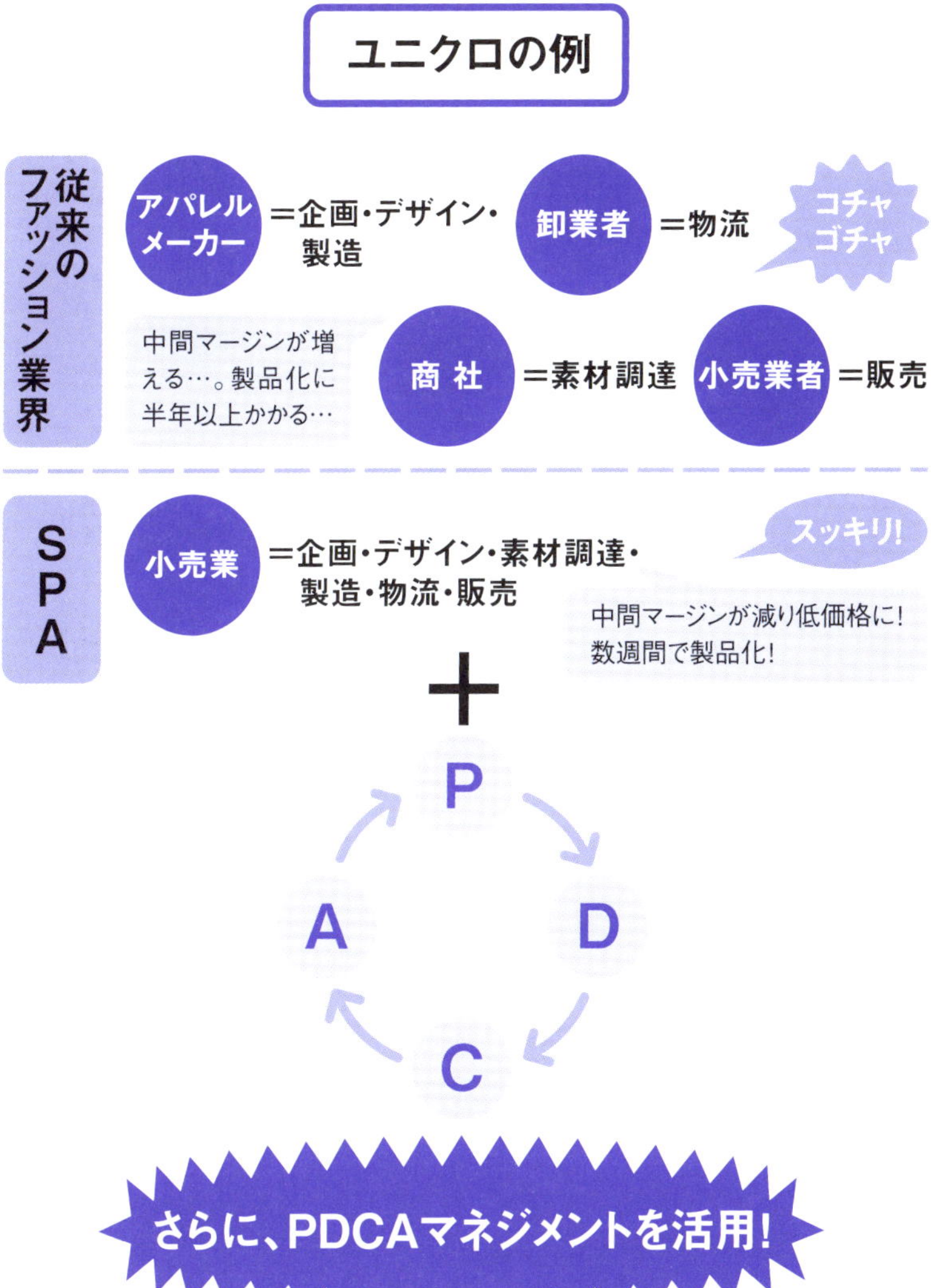
ユニクロの例
従来のファッション業界
アパレルメーカー
＝企画・デザイン・製造
卸業者
＝物流
コチャゴチャ
中間マージンが増える…。製品化に半年以上かかる…
商社
＝素材調達
小売業者
＝販売
SPA
小売業
＝企画・デザイン・素材調達・製造・物流・販売
スッキリ!
中間マージンが減り低価格に!数週間で製品化!
＋
P
D
C
A
さらに、PDCAマネジメントを活用!

問題は欠品にあり

ユニクロは、かつてフリースで一世を風靡した後に業績低迷に陥ってしまい、経営としては少し芳しくない時期があったようです。

その原因を突きとめようとしたものの、なかなか明らかにすることができなかったようですが、最終的には外部に調査を委託して、ようやくその原因が判明しました。

それが欠品です。

欠品といっても、一時期のヒートテックのように、売れ過ぎて工場の生産を待たなければ社内のどこにも在庫が存在しないという意味の欠品ではなく、店舗の棚に商品が無い欠品のことです。

チラシを見て来店されたお客さまに対して、「あいにくご希望の色とサイズはお店にはありません」ということなのですが、他の店舗では余っているという状況なので、大きな機会損失を起こしているということです。

これを聞いて、早速、店舗ごとの品揃えの権限は各店の店長に任されることになりました。本部スタッフでは、個々の店舗の詳細な状況まで把握できないでしょうし、やはり、現場の責任者の仕入れた分は売り切るモチベーションが大切だったのでしょう。

来店されたお客さまに対して、**「ご要望の商品はあります」という当たり前の約束ですが、この当たり前を徹底する仕組みづくりが重要**なのです。

ユニクロはどうやって業績低迷を脱出したのか?

外部調査でわかった理由→「欠品」

- 売れ過ぎてどこにも在庫が存在しない　×
- 店舗の棚に商品が無い　◯

たとえば紺色のXLサイズのTシャツ

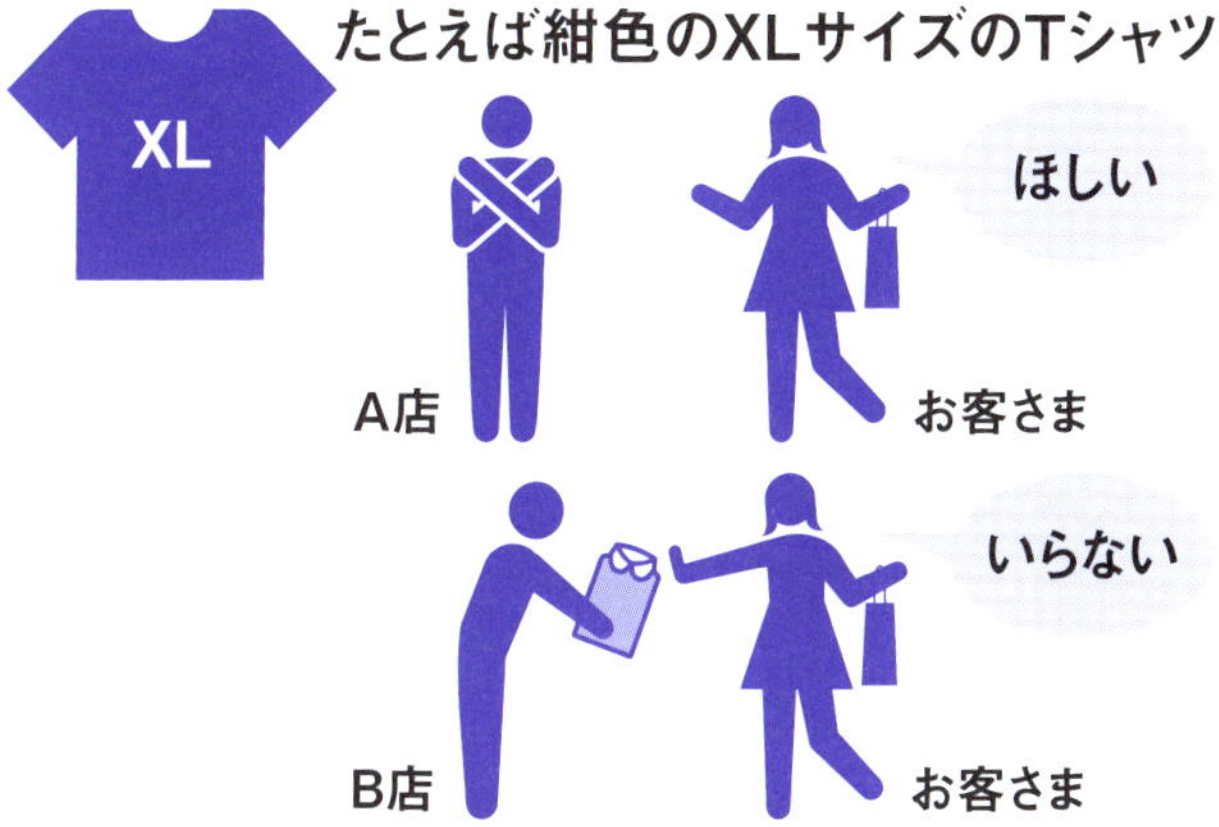

機会損失!

改善　店舗ごとの品揃えの権限は各店の店長に任せる

↓

「ご要望の商品はあります」
という当たり前の約束を徹底する仕組みづくり

6-03

新規開拓成功！ 食品卸A社

行動KPIはオーナーシェフへのアプローチ件数

▼競合卸との差別化が難しいという問題

食品卸A社は、地方の政令指定都市に本社を置く年商約300億円の企業です。

私がコンサルタントとしてお付き合いを始めたのは2011年になりますが、きっかけは「ここ数年間、なかなか思うように売上を拡大できずに横這い状態が続いている」という社長の危機感からでした。

食品卸という業態特性上、やはり主力の取り扱い商品はメジャーなナショナルブランド中心になりますので、競合卸との差別化が難しいことが根本にはあります。

売上拡大には、既存顧客に対するインストアシェア（自社商品の割合）アップもしくは新規開拓に取り組まなければならないわけですが、なかなか効果が上がらないわけです。

営業部門の話では、特に新規からは「安くしてくれれば」という声はあるものの、**言われるままの価格で取引を始められたとしても、収益面で全く意味が無いことから、打ち手を見出せない**という状況に陥っていました。

食品卸会社の場合

問題点

ここ数年間、売上を拡大できず
横這い状態が続いている

市 場

メジャーなナショナルブランドが強く、
差別化が難しい

対 策

既存顧客の飲食店に対する
インストアシェアアップ
or 新規開拓

↓

だが、顧客からの要望は

難しい!

▼商品ではなく営業活動に価値を

そのような中でも、なぜかこつこつと新規開拓に成功している営業がいました。理由を聞いてみても、「たまたまだと思うんですけど…」としか返ってこないので、数日営業同行させてもらうと、ヒント（営業の行動特性）が見えてきました。

- 社長が厨房にいる飲食店を狙っている
- 商品の話はほとんどせずに世間話に時間を使っている
- 自分の担当エリア内の飲食店情報（行列店舗、人気メニュー等々）に詳しい

この行動特性から何が起こるかを説明しましょう。

まず、自らがシェフとして飲食店経営をしている社長は、お店を切り盛りすることに忙しいことから、そのエリアの周辺情報をなかなか入手できていません。

そこに、エリアの飲食店情報を熟知している営業がやってきて、「行列店の人気メニューを食べた感想」「撤退が決まった店舗が不人気だった理由」等々を話してくれると、当然興味もあるし、だんだん関係もできてきます。

これは、是非他の営業もやってみるべきだと水平展開を仕掛けました。

行動KPIは、社長兼シェフの飲食店に対するアプローチ件数です。

エリア情報の収集に時間を要する営業もいましたが、徐々にその方法が成果につながり、停滞していたA社の売上が成長軌道へ転換する良いきっかけになりました。

飲食店の新規開拓に成功

新規開拓に成功している営業の行動を分析

・社長が厨房にいる飲食店を狙う
・商品の話はほとんどせずに世間話に時間を使っている
・自分の担当エリア内の飲食店情報
（行列店舗、人気メニュー等々）に詳しい

↓

・オーナーシェフは、店の切り盛りに忙しく
周辺エリアの情報を入手できていない
・エリアの飲食店情報に熟知している営業の
「行列店の人気メニューを食べた感想」
「撤退が決まった店舗が不人気だった理由」
といった情報に興味津々

行動KPI

オーナーシェフの飲食店に対する
アプローチ件数を増やす

6-04

業績アップ！ 電気系部品卸B社

取り組みから得たメリットを既存顧客に応用

▼業界全体の市場が頭打ち

電気系部品卸B社は、東京、千葉、埼玉、神奈川に営業拠点を展開している、年商約80億円の企業です。

地元ですでに約50年ほど営業されているので、エリアにおける知名度はそこそこ高いものの、業界全体の市場が頭打ちになっていることから、さらに高い業績を上げることが難しくなってきていました。

営業本部長からは、「営業は1日15件の訪問件数を必ず守る習慣はついており、売上をさらに上げるといっても、現状の人員体制でさらに訪問件数を増やすのは物理的に難しいから、既存顧客の景気が良くなって取引が増えるのを期待するくらいしかないんですよ。もちろん新規開拓も(1日5件)取り組んではいますが、成果が出ているとはとても言えません」といった話がありました。

まずは**営業同行で現場の実態を理解**してみよう、というのがスタートです。

電気系部品卸会社の場合

電気系部品業界全体が頭打ち

営業スタイル

- 一日15件の訪問件数
- 一日5件の新規開拓

それでも成果がでない…

現状の人員体制で訪問数を増やすのは不可能

↓

営業同行で現場の実態を理解する!

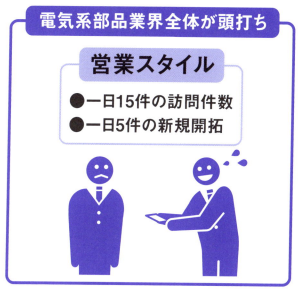

▼面談時間を増やそう

営業同行でわかったのは、新規開拓の際にほとんど会話ができていないという実態です。会ってもらえないので名刺を置く、会えたとしてもわずか5分で退席を促される。新規と言っても、B社の取り扱い商品をすでに別の競合卸から購入しているので、商品情報の提供というスタンスでは会話にならないのです。

何はともあれ、面談時間を増やさないことには先に進めないということで、いくつかの方策にトライしながら落ち着いたのがこちらです。

- やみくもに訪問していた新規ターゲットを絞る（四半期で2社）
- 絞り込んだターゲットの経営状況、抱えていそうな問題は事前に調べておく
- 購買窓口ではなく、例えば設計課長のようなキーパーソンを全て把握し面談対象とする
- 面談目的を人間関係の構築だと考え、決して売り込もうとしない

行動KPIをキーパーソンに対する面談時間に設定し、面談時間が増えない営業には、次の武器をイメージできるまで営業所内のメンバーで策を練ることを徹底しました。

また複数のキーパーソンと話ができるようになると、その会社内の情報に関して、個々のキーパーソンを上回れる場面も出てくるため、B社の評価が上がることもわかってきました。

この**取り組みから得られたメリットを既存顧客にも転用できるようになると、B社の業績は1ランク上のステージに行ける可能性が高い**でしょう。

営業同行でわかったこと

実態

新規開拓でほとんど会話ができていない
- 会ってもらえないので名刺を置く
- 会えても僅か5分で退席を促される

面談時間を増やさない

対策

- やみくもに訪問していた新規ターゲットを絞る（四半期で2社）
- 絞り込んだターゲットの経営状況、抱えていそうな問題は事前に調べておく
- 購買窓口ではなく、例えば設計課長のようなキーパーソンを全て把握し面談対象とする
- 面談目的を人間関係の構築だと考え、決して売り込もうとしない

行動KPI

- キーパーソンに対する面談時間に設定する
- 面談時間が増えない営業には、次の武器をイメージできるまで営業所内のメンバーで策を練る

↓

さらに成果を既存客へ応用する!

6-05

受注率アップ! 自動車販売C社

お客さまの立場で考えることで結果を出せる

▼新規来店客に対する受注率が低い

自動車販売C社は、首都圏で約20拠点を展開している会社ですが、ある拠点で私の友人が拠点長を務めており、その縁から、その店舗に対してのみアドバイスさせていただくことになりました。

新規来店客に対する受注率が低いことが問題だということだったので、まずは新規来店から受注に至るまでの移行率を確認しました。こちらは1カ月の平均値です。

来店50件→見込み25件→HOT12〜13件→受注3〜4件

来店客数は1カ月で50件ぐらい来られているけれども、そこから見込み客に移行するのは半分程度、さらにそこから半分がHOTへ移行し、HOT客からの受注率が約30%、というのがこの店舗の実力だということです。

特に**問題視したのは、来店から見込みへの移行率がわずか50%**という数字ですが、営業マンたちは「冷やかし半分のお客さまも多いから」と気にしている様子はありません。

自動車販売店の場合

問題点

受注率が低い

1ヶ月の来店：50件

↓

見込み：25件

↓

HOT：12〜13件

↓

受注：3〜4件

問題あり!

- 来店から見込み客への移行率が50%
- 見込み客からHOT客への移行率が50%
- HOT客からの受注率が約30%

言い訳「冷やかし半分のお客様が多いから」

お客さまの立場に立つとは

実態把握のため、ある週末の土日２日間、その店舗を見に行きました。

お客さまが来店すると、全員立ち上がって「いらっしゃいませ」、新規のお客さまには営業がすぐに出迎え「本日はどのお車を…」と、非常に気持ちの良い対応です。

ただし、営業の言うように「今日はパンフレットを貰いにきただけ」と、それを手にすぐに帰ってしまうお客さまもかなりいます。

しかし、見ているうちに気づいたのは、住所も名前も聞けずにすぐ帰るお客さまは、その対応に逆に気後れしているんではないかということです。

それを伝えた結果、新規のお迎えの方法は「駐車場に車が入ってきた時点で営業が走って誘導に行く。そしてお客さまと軽い世間話をしながら一緒に店舗に入る」という流れに変わりました。

来店50件→見込み45件→ＨＯＴ25～26件→受注10～15件

変えたのはそれだけのことですが、来店から見込みへの移行率が飛躍的に上がったのです。来店客数はほぼ変わらないのに、新規来店客からの受注は少ないときで10件、多いときには15件も売れるようになりました。

やはり、お客さまは、どこかで買おうと思いながら来店しています。**お客さまの立場に立って考えることのできる店舗が結果を出せる**ということです。

お客様の立場に立つ

実態把握の視察を行う

・お客さまが来店すると、全員立ち上がって「いらっしゃいませ」
・営業がすぐに出迎え「本日はどのお車を・・・」と、
非常に気持ちの良い対応

評価：良対応に逆に気後れしている?

改善：出迎え方法を変える

・駐車場に車が入ってきた時点で営業が走って誘導に行く
・お客さまと軽い世間話をしながら一緒に店舗に入る

結果

来店50件→見込み45件→HOT25～26件→受注10～15件
・来店から見込み客への移行率が飛躍的に上がった

●来店客数は変わらず新規来店客からの受注が10～15件に増加
●顧客は、どこかで買おうと思いながら来店してる
●お客さまの立場に立って考えることのできる店舗が結果を出せる

6-06

認知度アップ！ 町の電気屋D社

思い込みと実際の認知度とのギャップを埋める

▼問題点を見失っている例

ある企業の依頼で、経営者向け勉強会の講師をしているときに出会ったのが、地域で家電店を経営するD社です。いわゆる「町の電気屋さん」ですね。

D社の社長は、勉強会の中で「目標を高く持ってPDCAを回しましょう」と私が言っても、「今やほとんどのお客さまは大型量販店で家電を買っている時代だから、私どものような弱小店舗はとても太刀打ちできませんよ」という感じです。

「だとしたら何のために勉強会に来られているのだろう」と疑問に思っていると、どうやら自分の代で終わりにしようと思っていたお店を長男が継ぐと言い出したらしく、「もっと良い経営状態にしたい」という思いは持っていたわけです。

やる気があるのであれば、改善は難しい話ではありません。

大型量販店に勝てないと考えてしまうのも無理はありませんが、**そもそも勝負になどなっていないというのが正しい見方で、やるべきは自らの問題を解決するだけ**なのです。

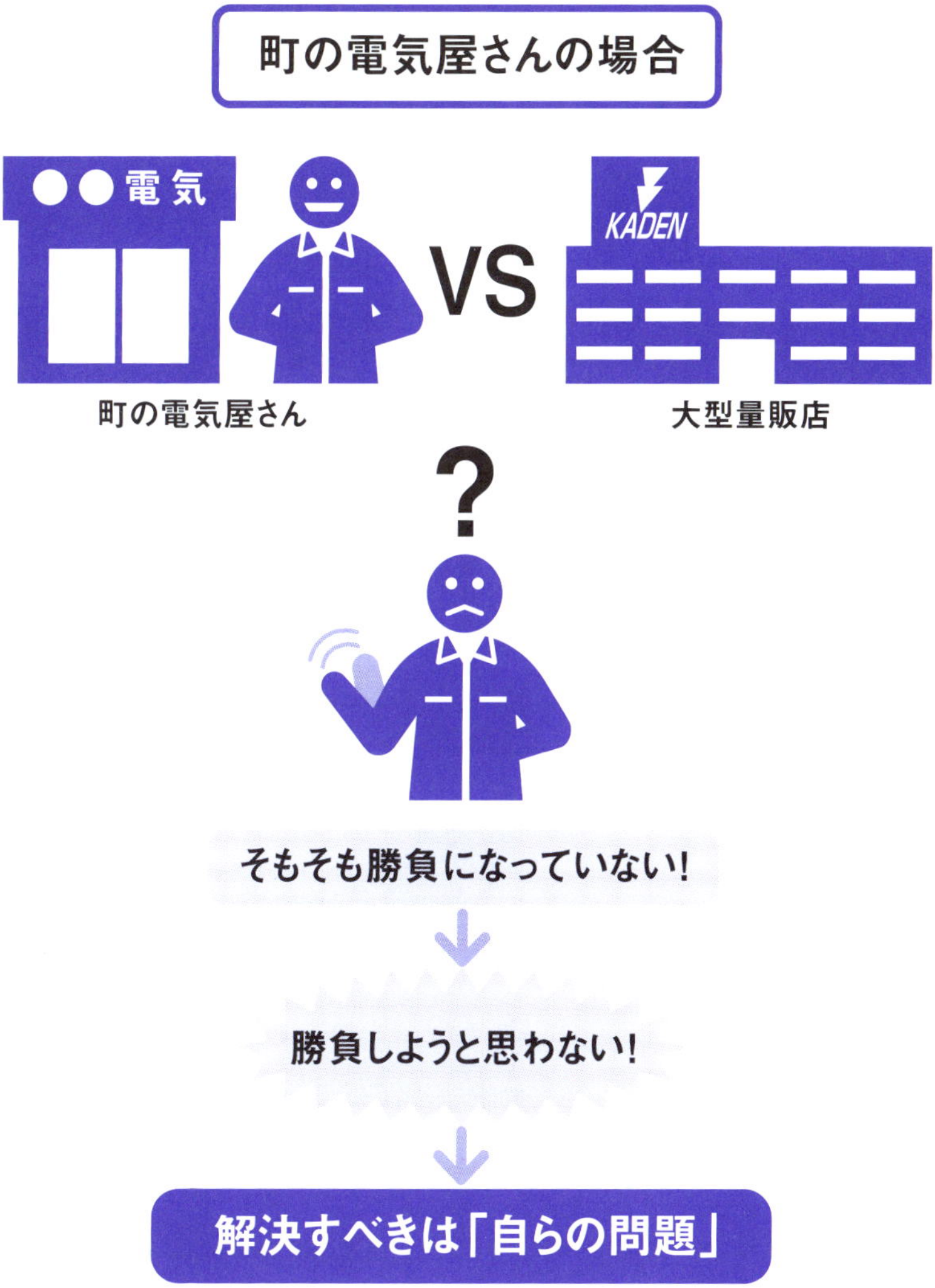
町の電気屋さんの場合
●●電気
町の電気屋さん
VS
KADEN
大型量販店
?
そもそも勝負になっていない!
勝負しようと思わない!
解決すべきは「自らの問題」

▼認知度を上げよう

町の電気屋さんが勘違いをしているのは、**もう地元で数十年お店を構えているのだから、町に住んでいる人はお店を知っているはずだ**という考えです。

皆さん、自宅の近隣の町の電気屋さんがパッと頭に浮かぶでしょうか。仮に浮かんだかたも、そのお店の「良い」イメージが合わせて浮かべられるでしょうか。

まずこの点を解決しないと、そもそも家電を購入する際の選択肢にも入っていないということで、よって量販店との勝負になどなっていないということです。

町の電気屋さんの「良い」ところは、（お客さまも近くに住んでいるので）困ったらすぐに家に来てくれる、面倒な取り付けを全部やってくれる、大型量販店を（価格比較等で）買い回るといったことに時間を取られない等々、多々あるわけで、だからこそ、これだけの大型量販店が全国に展開されていても、経営を続けているお店があるわけです。

そこに気づいてしまえば、圧倒的に不足していた、近隣の住民からの認知度を上げる活動を継続的に実行するのみです。

大型ＴＶが１００円で買えるゲームイベント（勝った方に1台）、オール家電のキッチンをお店で再現した上での料理教室、修理キャンペーン「ちょっと待てその家電直せるかも」等々、これらの**認知度向上施策を展開しながら、町の家電店の「良い」ところを伝え続けることで、確実に売上は上がっていく**のです。

認知度をあげよう

地元で数十年お店を構えているから、
町の人はお店を知っている

↓

なじみ客以外の近所の人には知られていない！

町の電気屋さんのいいところ

・困ったらすぐきてくれる
・面倒な取り付けをやってくれる
・広い店内を自分で観て回る労力と時間がかからない

必要なのは認知度アップ

各種イベント・キャンペーン

ゲームイベント　オール家電のキッチンでの料理教室　修理キャンペーン

認知度アップ！

6-07

不振の理由を見つけたアパレルE社

意識すれば普通にできること

▼成長スピードに人材がついてこれない

ショッピングセンターを運営している企業より、テナント向けの講演を依頼されて、それをきっかけにお付き合いが始まったのが、アパレルE社です。

複数のブランドを展開しながら200〜300億円の規模感になってきたものの、**会社の成長スピードに人材(特に店長)がついてこれていない**のではないか、という懸念を持っていました。

店舗の出店形態も、路面店、ショッピングセンター、駅ビル、ファッションビル等があり、想定どおりの売上利益を上げられている店舗もあれば、予想外に数字の上がらない店舗も目立っていました。

最終的なアウトプットとして、店長のマネジメントを視野に入れるのであれば、店舗のスタッフの動きを把握することが必要なので、**店舗にどんな業務が存在するのかを洗い出した上で、現場チェック**をすることになりました。

アパレル会社の場合

問題点

業績は好調なものの
成長スピードに人材がついてこれていない?

認 識

店長のマネジメントに問題あり!

↓

現場をチェックする
ことに…

圧倒的に不足するファーストタッチ

店舗においてもっとも重要な業務は、やはり顧客接点となる接客ですね。

調査に入る前のひとつの仮説として、接客しなければならないタイミングに、それを阻害するような業務に従事してしまっているのではないか、というものがありました。

しかしながらそのような事実は殆ど無く、わかったことは、ウエイティング（来店客の様子を見ている状態）が長く、なかなかファーストタッチ（声掛け）に至っていないことでした。

もちろん、「いらっしゃいませ」「どうぞお試し下さい」といった声は掛けているのですが、より踏み込んだ接客になかなかいけていないのです。

ファーストタッチ率の低い店舗スタッフからは、「お客さまはゆっくり自由に見て回りたいから」「声掛けしてもお店を出て行ってしまうから」といった意見がありましたが、高い店舗と比較すると、そもそも声掛けの仕方が違うのです。とは言っても、高い店舗には著しく高いスタッフがいるだけで、統一されているわけではありません。

マネジメントよりも、接客コンセプトのバラつきが大きな課題だとわかりました。

高いスタッフが実践していたのは、自然な会話です。「今日はお仕事帰り？」「お二人とも同じ職場？」といった会話を皮切りに、徐々に本当の目的を聞く、トレンドコンセプトや素材情報を伝えるというもので、意識すれば普通にできることばかりだったのです。

問題はファーストタッチにあった

仮説

接客以外の業務がマネジメントの足を引っ張っている?

結果

・ウェイティング（来店客の様子を見ている状態）が長い
・ファーストタッチ（声掛け）に至ってない

理由

お客さまはゆっくり自由に見て回りたいから

声掛けしてもお店を出て行ってしまうから

ファーストタッチ率の高いスタッフが実践していたのは、自然な会話

今日はお仕事帰り?

お二人とも同じ職場?

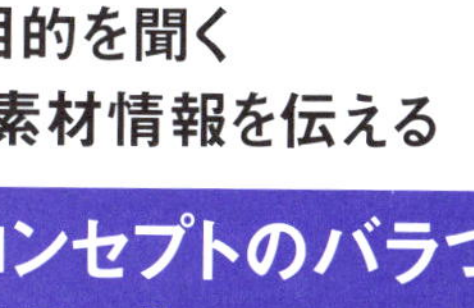

・徐々に本当の来店目的を聞く
・トレンドコンセプトや素材情報を伝える

マネジメントではなく接客コンセプトのバラつきが大きな課題だった

6-08

当たり前を貫いた成城石井

具体的な行動を定義する重要性

▼成功企業のつまづきとは

成城石井は、2014年に当時経営権を握っていたファンドからローソンに売却というニュースで賑わっていましたが、もともと高級スーパーとして認知されていたポジショニングを高品質スーパーに変えることに成功し、現在の経営状況は堅調に推移しているようですね。

こだわりの品揃えとして、ワインは約700種類、チーズは約200種類と圧倒的な数で差別化を図っていることが消費者に受け入れられていることはもちろんですが、駅ナカへの出店などの新しい試みを成功させていることが好業績の要因になっています。

しかし、この成城石井でも、2006年には、売上高を上げながらも経常利益ベースでは前期比半減という状況に陥っていたこともあるのです。

当時の改善の取り組みが、**現場の行動を変えるという視点で大いに参考となる点も多い**と感じていましたので、ポイントを紹介したいと思います。

成城石井の場合

成城石井
॥
高品質スーパーの代名詞

・ワインは約700種類、チーズは約200種類と圧倒的な数差別化
・駅なかへの出店などの新しい試みを成功

ところが…

2006年：
売り上げが好調だが、
経常利益が前期比半減

↓

どう改善に取り組んだのか?

↓

当たり前のことを
徹底する!

▼当たり前を行動に落とし込む具体的な指示

改善の取り組みといっても、小売業では極めて当たり前のことでした。

例えば、**あいさつ、欠品しない**、この2点の徹底です。

あいさつに関しては、売場でのあいさつとレジでのあいさつがどれだけ徹底されているのかを、定期的に調査した上で、点数の上がらない店舗に対しては徹底指導するという流れを作り、あいさつの品質を上げていきました。

単に「あいさつが基本だから徹底するように」という号令で済ませるのではなく、あいさつの品質にまでこだわっているというトップの意思を浸透させなければ、なかなか現場は変わらないということなのだと思います。

また、欠品しないという指示に関しても、「○○までロスを出してもいい」というように、より具体的な指示として伝えることで、行動としての徹底を図ったということです。

会社として重点的に販売促進する商品に関しては、店舗スタッフを本部に集めて、陳列方法はもちろん、試飲、試食等で専門家レベルの知識を教え込む、といった取り組みによって、当初約6％に過ぎなかった売上高に占める重点商品の構成比を、約25％にまで高めるといった実績も出せるようになったのです。

「当たり前なんだからきちんとやるように」と各人の主観に委ねるのではなく、**具体的にやるべき行動を定義することの重要性を再認識**できる好事例だと思います。

取り組んだのは当たり前のこと

成城石井の取り組み

- あいさつ
- 欠品しない

当たり前では?

実際に行なわれたこと

↓

あいさつ

売場でのあいさつとレジでのあいさつがどれだけ徹底されているのかを、定期的に調査した上で、点数の上がらない店舗に対しては徹底指導するという流れを作り、あいさつの品質を上げる

欠品しない

「○○までロスを出してもいい」と、より具体的な指示として伝えることで、行動としての徹底を図る

コラム

一を聞いて十を知る姿勢が大切

6章ではいくつかの事例を紹介しましたが、事例から多くを学びとるために必要なスタンスがあります。

まず次のように考えてしまわないこと。

「ウチの業界は特別だから（できない）」

「ウチのエリアは特別だから（できない）」

「ウチは大手企業のように人もお金もないから（できない）」

こういったコメントを発した瞬間、人の脳は思考停止状態になり、何も学べなくなってしまいます。

成功事例を見聞きすると、どうしても最終の成果の部分に捉われてしまいがちになりますね。

もちろん成果が出ているからこその成功事例ではありますが、何よりも焦点を当てて考えてもらいたいのは、どうやって変化を起こし、どうやってその変化を継続させたのかという点です。

だからこそ必要なのは、正に当事者になった気持ちで事例の中に入り込んでいき、自分だったらどこに壁を感じるのか、どこで躓いてしまいそうなのかまでを感じ取れる位の姿勢になることなのです。

他人の経験から学べる貴重な機会を、しっかりとモノにしてもらいたいと思います。

おわりに

ＰＤＣＡは、「サイクルを回す」と言われているように、終わりはありません。終わりがないなどと聞くと、ＰＤＣＡマネジメントの導入時に苦労すればするほど、「これをずっとやり続けなければならないのか」と途方に暮れてしまう方がいるかも知れませんが、実はそんな心配は無用です。

ＰＤＣＡマネジメントを「スキル化」してしまえば良いだけの話だからです。「スキル化」というのは、「ＰＤＣＡを実践するぞ」とあらたまって臨むのではなく、もはや自然とＰＤＣＡを回すことができている状態になっているということです。

私たち日本人は、子供の頃に箸の使い方を教えてもらい、それを日々続けていることで箸の使い方が「スキル化」されているから、何のストレスもなく実践できていますよね。

ＰＤＣＡマネジメントも同様で、終わりなくやり続けていくことで、あえて何か意識するようなことをせずとも、普通にできるようになるはずです。

本書の中でも書かせていただきましたが、最後にもう一度お伝えしたいのは、PDCAのスタートは「目標（ゴールイメージ）を鮮明に描く」ことであり、「背伸びした目標を立てる」ことで、是非ともこだわってもらいたいポイントです。


私には、高校2年生になる長男がいます。

彼は、小学校2年生のときに始めた野球を、中学、高校と続けており、3年生の先輩が引退するとともに野球部の主将になりました。

強豪校と呼ばれるような学校ではありませんが、「主将として何を目標に掲げるんだ？」と質問したところ、「ベスト16まで行きたい」という答えが返ってきました。

確かに、長男の高校のレベルを考えると、200校近い出場校がいる中でベスト16という結果を残すことができれば、立派なものだと思いますし十分に高い目標だと言えます。

しかし、長男は私からの次の質問には明確な答えを出せませんでした。

「ベスト16になるには、どんなチームを作ればいいと思う？」

「そのために、どんな課題を持って日々の練習や練習試合に臨む？」

つまり、鮮明なゴールイメージが欠落しているわけです。

この場合の目標は「甲子園出場」にする方がよりベターなのです。

なぜならば、甲子園に出場するレベルにある高校の試合は、当然TVなどでも見ることができますし、その気になれば練習の視察に行っても良いでしょうから、「どんなチームを作るべきなのか」という問いにも答えられますし、自分のチームに欠けている課題も合わせて明らかにすることができるからです。

「強豪校は優秀な選手が集まっているのだから、自分のチームが甲子園なんて到底無理だ」と思ってしまえば、何も学べないし、そのレベルに近づくことすらできません。

積極的に学ぶ姿勢があれば、「どうすれば強い打球が打てるのか」「守備の際のポジショニングの取り方」等々、そのレベルにまで到達できるかはさておき、取り入れ、努力すべきことがたくさん出てきます。

そのプロセスこそが大切なわけですから、目標は甲子園で良いのです。

業績が低迷している企業に共通しているのは、もはや挑戦する意欲すら失っているような状況に陥っているように感じる風土です。

是非、再認識していただきたいのは、同じような環境下にいながら飛躍的に業績を拡大させている企業が確かに存在していることであり、それらの企業全てに確実に共通するのが、この挑戦する意欲の高さだということです。

本書を読んで「ＰＤＣＡマネジメントに向かう視点が明確になった」「マネジメントが楽しくなった」といった声が出てくることが最大の喜びですし、そこにとどまることなく、「業績向上につながった」という成果まで引っ張っていく方々が多数出てくることを大いに期待したいと思います。

索引

●著者
川原慎也（かわはら・しんや）
船井総合研究所・上席コンサルタント。PDCAマネジメントコンサルティングの第一人者として、中小企業から大手企業に至るまで、企業規模特有の課題を踏まえたコンサルテーションを展開。クライアント企業の幹部を巻き込みながら、“変化”を推進していく手法によって、低迷していた業績を回復に導いた実績は数多く、「結果的に次世代リーダーの輩出に繋がった」と高い評価を獲得。著書に『これだけ！PDCA』（すばる舎リンケージ）、『[ポイント図解] PDCAが面白いほどできる本』（KADOKAWA）ほか多数。
http://www.funaisoken.co.jp/site/profile/profile_142.html

図解&事例で学ぶ
PDCAの教科書

2016年2月29日　初版第1刷発行

著　者　川原慎也
発行者　滝口直樹
発行所　株式会社マイナビ出版
〒101-0003 東京都千代田区一ツ橋2-6-3 一ツ橋ビル 2F
TEL 0480-38-6872（注文専用ダイヤル）
TEL 03-3556-2731（販売部）
TEL 03-3556-2733（編集部）
Email：pc-books@mynavi.jp
URL：http://book.mynavi.jp

装丁　ISSHIKI
本文デザイン&DTP　ISSHIKI
印刷・製本　図書印刷株式会社

ISBN978-4-8399-5651-6
Printed in Japan